छोटे सूत्र - बड़े प्रभाव

सफल और सार्थक जीवन के 50 सिद्धान्त

भाग 1

डॉ मुकेश अग्रवाल

अनुक्रम

अनुभाग 4: संबंधों की अदृश्य रसायनशास्त्र

अनुभाग 5: नेतृत्व, प्रेरणा और प्रभाव

मन की बात

हर विचार — चाहे वह एक क्षणिक अहसास हो, एक अनकहा संवाद, या मस्तिष्क में उठी कोई छोटी सी तरंग — एक तितली की फड़फड़ाहट की तरह है। यह तितली अपने नन्हें पंखों से ऐसी हलचल पैदा कर सकती है जो जीवन के महासागर में तूफान ला दे। यहीं से यह पुस्तक जन्म लेती है।

हमारे जीवन में कुछ सिद्धांत होते हैं, जो दिखते नहीं — लेकिन महसूस होते हैं। वे हमारी सोच, निर्णय, आदतें, रिश्ते और नेतृत्व की शैली तक को प्रभावित करते हैं। यह पुस्तक उन्हीं अदृश्य लेकिन निर्णायक प्रभावों की पड़ताल करती है। ये छोटे सूत्र हैं, लेकिन इनका प्रभाव दीर्घकालिक, गहरा और अक्सर परिवर्तनकारी होता है।

अनुभाग 1 में आप जानेंगे उन प्रभावों को जो हमारी चेतना और सामाजिक व्यवहार में हल्की-सी लहर के रूप में शुरू होकर जीवन में बड़ा बदलाव लाते हैं — Ripple Effect, Domino Effect, Butterfly Effect जैसे सिद्धांत इस बात का प्रमाण हैं कि छोटी बातों की अनदेखी करना, कभी-कभी सबसे बड़ी भूल बन सकती है।

अनुभाग 2 हमें स्वयं की ओर मोड़ता है। Self-Talk, Johari Window, और Cognitive Dissonance जैसे विचार हमारे मन के परदे उठाते हैं और दिखाते हैं कि आत्मचेतना कैसे हमारे निर्णयों और संबंधों को दिशा देती है।

अनुभाग 3 समय और आदत के शक्तिशाली नियमों को उजागर करता है। यहाँ Parkinson's Law से लेकर Atomic Habits Principle तक की बातें हैं, जो बताती हैं कि छोटे बदलावों से कैसे बड़ी उपलब्धियाँ हासिल की जा सकती हैं।

अनुभाग 4 रिश्तों की अदृश्य केमिस्ट्री पर केंद्रित है। यह भाग आपके संबंधों को नई समझ देगा — Emotional Bank Account, Love Languages, और Social Proof जैसे सिद्धांत यह बताते हैं कि संबंध सिर्फ भावनाओं पर नहीं, सूक्ष्म विज्ञान पर भी टिके होते हैं।

अनुभाग 5 आपको नेतृत्व, प्रेरणा और प्रभाव की ऊँचाइयों पर ले जाएगा। Charisma Code से लेकर Transformational Leadership तक, यह भाग आपको एक बेहतर प्रेरक, मार्गदर्शक और टीम बिल्डर बनने के सूत्र देता है।

यह पुस्तक कोई भारी-भरकम मनोवैज्ञानिक ग्रंथ नहीं है — यह जीवन के सरल लेकिन शक्तिशाली सूत्रों का संकलन है। यह आपके विचारों को जगाएगी, दृष्टिकोण को विस्तार देगी और जीवन में गहराई व स्पष्टता लाएगी।

आइए, इस यात्रा पर चलें — जहाँ छोटे सूत्र बनेंगे बड़े बदलावों के वाहक। आपका जीवन एक प्रयोगशाला है। ये सिद्धांत उसके सूत्र हैं। प्रयोग कीजिए — और चमत्कार देखिए।

सादर
डॉ मुकेश अग्रवाल

अनुभाग 1

अदृश्य प्रभाव – अनदेखे लेकिन निर्णायक सिद्धांत

1. प्रस्तावना (INTRODUCTION)

क्या एक तितली की पंख फड़फड़ाने से तूफ़ान आ सकता है? BUTTERFLY EFFECT इसी विचार को जन्म देता है – यह बताता है कि किसी भी व्यवस्था में एक छोटी-सी घटना समय के साथ बहुत बड़ा परिवर्तन ला सकती है। छोटे निर्णय, सूक्ष्म विचार, छोटी आदतें — ये सब हमारे भविष्य को एक नई दिशा दे सकते हैं।

2. उत्पत्ति (BIRTH)

BUTTERFLY EFFECT की अवधारणा 1960 के दशक में मौसम वैज्ञानिक EDWARD LORENZ ने प्रस्तुत की।

उन्होंने अपने मौसम मॉडल में एक बहुत छोटी गणितीय त्रुटि डाली, जिससे पूरी भविष्यवाणी बदल गई।

तब उन्होंने कहा:

"DOES THE FLAP OF A BUTTERFLY'S WINGS IN BRAZIL SET OFF A TORNADO IN TEXAS?"

यहीं से इस सिद्धांत की उत्पत्ति हुई।

3. कहानी (STORY)

एक गरीब गांव में एक बच्चा रोज़ एक वृद्ध को पुस्तक पढ़कर सुनाता था। वह वृद्ध कोई और नहीं, एक दिव्य लेखक था जो अंधे थे। वर्षों बाद वह बच्चा, उन्हीं विचारों से प्रेरित होकर एक समाज सुधारक बना और पूरे राष्ट्र को बदलने वाले आंदोलनों का नेतृत्व किया।

एक साधारण कार्य – इतिहास निर्माण का कारण बना।

4. विज्ञान (SCIENCE)

* BUTTERFLY EFFECT CHAOS THEORY का एक हिस्सा है।
* यह कहता है कि किसी भी जटिल प्रणाली (जैसे मौसम, मनुष्य का जीवन या समाज) में छोटी-छोटी असंगतियाँ समय के साथ बड़े और अनपेक्षित परिणाम ला सकती हैं।
* मतलब – जब कोई चीज़ प्रारंभिक अवस्था में होती है, तब उसमें किया गया छोटा बदलाव भविष्य में बहुत बड़ा बदलाव ला सकता है।

4. दर्शन (PHILOSOPHY)

दार्शनिक दृष्टि से BUTTERFLY EFFECT यह कहता है कि हर विचार, हर कर्म, हर शब्द में अनंत संभावनाएँ छुपी होती हैं।

"आप जो कर रहे हैं वो शायद आज अर्थहीन लगे, लेकिन कल वही किसी की ज़िंदगी का केंद्र बन सकता है।"

यह प्रभाव हमें उत्तरदायित्व का बोध कराता है – कि हमारे छोटे-छोटे निर्णयों से न केवल हमारा, बल्कि औरों का जीवन भी प्रभावित होता है।

5. अध्यात्म (SPIRITUALITY)

अध्यात्म में BUTTERFLY EFFECT यह संदेश देता है कि हर आत्मा ब्रह्मांड से जुड़ी है। एक साधक की एक सच्ची प्रार्थना भी सामूहिक चेतना को प्रभावित कर सकती है। योग, प्रार्थना, ध्यान – ये व्यक्तिगत कर्म प्रतीत होते हैं, लेकिन इनकी शक्ति पूरी सृष्टि को स्पंदित कर सकती है।

भगवद गीता में भी कृष्ण कहते हैं:

"एक कर्म भी फल लाता है, और हर कर्म का प्रभाव ब्रह्मांड के स्तर पर होता है।"

7. मेरा दृष्टिकोण (MY PERSPECTIVE)

- मेरे जीवन में कई घटनाएं ऐसी रही हैं, जो छोटी प्रतीत हुईं पर उन्होंने बड़ी दिशा दी।
- एक विद्यार्थी का मेरे किसी व्याख्यान से प्रेरित होकर जीवन का मार्ग बदलना — मेरे लिए BUTTERFLY EFFECT की पुष्टि थी।
- मैं मानता हूँ कि हर विचार एक ऊर्जा है, और जब वह किसी के मन को छू लेता है, तो वहाँ से परिवर्तन की लहरें उठती हैं।

8. उपयोगिता (USEFULNESS)

- शिक्षा में: एक शिक्षक का एक अच्छा शब्द किसी विद्यार्थी के भविष्य को बदल सकता है
- स्वास्थ्य में: एक छोटी सी आदत – जैसे समय पर सोना – जीवनभर का स्वास्थ्य बना सकती है
- सामाजिक क्षेत्र में: एक छोटी पहल – जैसे एक पेड़ लगाना – जलवायु परिवर्तन की दिशा में योगदान
- व्यक्तिगत विकास: एक सकारात्मक सोच – पूरे व्यक्तित्व को बदल सकती है

9. अभ्यास (PRACTICE)

- हर दिन सचेत विचार करें
- दूसरों के साथ दयालुता से व्यवहार करें – वह किसी के जीवन की दिशा बदल सकता है
- छोटे संकल्प लें – उन्हें महत्व दें
- किसी की प्रेरणा बनें, चाहे छोटा स्तर ही क्यों न हो

10. आत्मचिंतन (REFLECTION)

आज खुद से पूछें –

"क्या मेरी सोच, मेरी भाषा, मेरी उपस्थिति किसी के जीवन में तूफान ला सकती है?"

"क्या मेरी छोटी सी अच्छाई किसी के जीवन की दिशा बदल सकती है?"

11. उद्धरण (QUOTE)

"हर विचार एक पंख है – जो समय के साथ तूफान भी ला सकता है, प्रकाश भी। "

12. निष्कर्ष (CONCLUSION)

BUTTERFLY EFFECT हमें सिखाता है कि कोई भी कार्य तुच्छ नहीं होता।हमारे जीवन का हर निर्णय, हर प्रतिक्रिया – एक ऊर्जा है, जो कहीं न कहीं किसी को प्रभावित कर रही है।

इसलिए सजग रहिए, सकारात्मक रहिए, और याद रखिए –

आपका एक कदम, एक विचार, एक मुस्कान – किसी की दुनिया को रोशन कर सकती है।

RIPPLE EFFECT

1. प्रस्तावना (INTRODUCTION)

क्या आपने कभी शांत झील में कंकड़ फेंका है? वह एक छोटा सा पत्थर चारों ओर लहरें उत्पन्न कर देता है। यही है "RIPPLE EFFECT" – जब हमारा एक विचार, एक शब्द, एक कर्म अनेक जिंदगियों को प्रभावित करने की क्षमता रखता है। यह प्रभाव धीमा हो सकता है, लेकिन इसका दायरा अकल्पनीय होता है।

2. उत्पत्ति (BIRTH)

RIPPLE EFFECT की जड़ें प्रकृति और जीवन के सूक्ष्म नियमों में छुपी हैं। यह अवधारणा भारतीय दर्शन में "कर्म सिद्धांत" से जुड़ी है — "जैसा बोओगे, वैसा काटोगे।" पश्चिमी सोच में यह विचार 20वीं सदी में सामने आया, विशेष रूप से मनोविज्ञान और समाजशास्त्र में, जब यह देखा गया कि एक व्यक्ति का व्यवहार पूरे समाज पर प्रभाव डाल सकता है।

3. कहानी (STORY)

एक स्कूल टीचर ने गरीब से दिखने वाले छात्र को कहा – "तुम बहुत कुछ कर सकते हो, तुममें क्षमता है।"
वह छात्र था अब्दुल कलाम। उस एक प्रेरक विचार की लहरें कहाँ तक पहुँचीं – राष्ट्रपति भवन तक, और उससे आगे करोड़ों युवाओं तक।
एक विचार, एक वाक्य – जिसने इतिहास की धारा बदल दी।

4. विज्ञान (SCIENCE)

मनोविज्ञान कहता है कि हमारे विचार और भावनाएं एक प्रकार की ऊर्जा हैं। MIRROR NEURONS हमारे मस्तिष्क में मौजूद वे न्यूरॉन्स हैं जो दूसरों की भावनाओं को पकड़ते हैं। यानी अगर आप मुस्कराते हैं, तो आसपास के लोगों पर उसका असर पड़ता है। वैज्ञानिक दृष्टिकोण से, हर विचार एक तरंग की तरह व्यवहार करता है – यह आगे बढ़ता है और प्रतिक्रिया उत्पन्न करता है।

5. दर्शन (PHILOSOPHY)

दार्शनिकों का मानना है कि हर विचार ब्रह्मांड में एक बीज की तरह बोया जाता है। प्लेटो से लेकर गाँधी तक, सभी ने इस सत्य को स्वीकारा – कि हमारी सोच और कर्म दूसरों पर प्रभाव डालते हैं, भले ही हमें तुरंत न दिखे। यह प्रभाव ही सामाजिक बदलाव का आधार बनता है।

6. अध्यात्म (SPIRITUALITY)

वेद और उपनिषदों में कहा गया है – "मन एव मनुष्याणां कारणं बन्धमोक्षयोः।" यानी मन ही बंधन और मोक्ष का कारण है।
जब कोई व्यक्ति ध्यान में बैठता है और अपने विचारों को शुद्ध करता है, तो वह ऊर्जा उसके परिवार, समाज और वातावरण में सकारात्मक लहरें फैलाती है।
ध्यान, जप और सेवा जैसे कार्य इसी RIPPLE EFFECT को उत्पन्न करते हैं।

7. मेरा दृष्टिकोण (MY PERSPECTIVE)

मेरे जीवन में अनेक बार छोटे-छोटे शब्दों ने बड़ी क्रांतियाँ की हैं – किसी गुरु की डांट, किसी मित्र की सराहना, किसी मरीज की प्रार्थना। मैंने देखा है कि जब आप किसी की मदद करते हैं, उसकी आँखों की चमक आपको बदल देती है। मैं मानता हूँ कि हर विचार, अगर वह सकारात्मक हो, तो वह लहर बनकर लौटता है – कई गुना होकर।

8. उपयोगिता (USEFULNESS)

- व्यक्तिगत जीवन में: सकारात्मक सोच आपके आत्मबल को बढ़ाती है।
- पारिवारिक संबंधों में: आपका व्यवहार पूरे परिवार का वातावरण बदल सकता है।
- पेशेवर जीवन में: एक नेतृत्वकर्ता का दृष्टिकोण पूरी टीम को ऊर्जावान बना सकता है।
- सामाजिक प्रभाव में: एक विचार, एक आंदोलन बन सकता है।

9. अभ्यास (PRACTICE)

- हर दिन एक अच्छा विचार लिखें और साझा करें।
- नकारात्मक सोच से दूर रहें।
- छोटे कर्मों को हल्के में न लें – जैसे मुस्कराना, धन्यवाद कहना।
- ध्यान करें – विचारों की शुद्धि का अभ्यास करें।
- "प्रभावशील शब्द" बोलें – वे ऊर्जा देते हैं।

10. आत्मचिंतन (REFLECTION)

हर रात यह सोचें –
   "क्या मैंने आज किसी के जीवन में सकारात्मक लहरें छोड़ीं?"
यदि उत्तर "हाँ" है, तो आपका दिन सार्थक रहा।
अगर "नहीं" – तो कल एक नया अवसर है।

11. उद्धरण (QUOTE):
"एक विचार से उत्पन्न लहरें – समुद्र तक पहुँच सकती हैं। इसलिए सोचो, बोलो और करो – जैसे पूरी सृष्टि तुम्हें सुन रही है।"
- डॉ. मुकेश अग्रवाल

12. निष्कर्ष (CONCLUSION): RIPPLE EFFECT कोई जादू नहीं है, यह जीवन का सूक्ष्म और सच्चा नियम है। हमारा हर विचार, हर भाव, हर कर्म – लहरें बनाता है। प्रश्न यह नहीं कि हम प्रभाव छोड़ते हैं या नहीं, प्रश्न यह है कि हम कैसा प्रभाव छोड़ते हैं।

DOMINO EFFECT

1. प्रस्तावना (INTRODUCTION)

DOMINO EFFECT वह अद्भुत सिद्धांत है जिसमें एक छोटी-सी घटना, विचार या निर्णय आगे कई बड़ी घटनाओं को जन्म देती है – ठीक वैसे ही जैसे डोमिनोज़ की कतार में पहली गिरी गोटी बाकी सभी को गिरा देती है। यह प्रभाव हमें सिखाता है कि कुछ भी अकेला नहीं होता – हर क्रिया, प्रतिक्रिया को जन्म देती है।

2. उत्पत्ति (BIRTH)

DOMINO EFFECT की अवधारणा का प्रारंभ भौतिकी और गेम सिद्धांत से हुआ। 1950 के दशक में इसे राजनीतिक रणनीति के रूप में भी देखा गया – खासकर वियतनाम युद्ध के संदर्भ में। परंतु इसकी जड़ें जीवन के मूलभूत नियमों में छिपी हैं – हर क्रिया आगे चलकर प्रतिक्रिया बनती है, और एक छोटी सी हलचल व्यापक परिवर्तन का कारण बन सकती है।

3. कहानी (STORY)

एक छोटी बच्ची ने पार्क में गिरे कूड़े को उठाया। पास खड़ी महिला ने उसे देखकर प्रेरणा ली और अपने ऑफिस में 'CLEAN DESK POLICY' लागू की। उस कंपनी ने पर्यावरण-हित में कार्य शुरू किए और कुछ सालों में वह ग्रीन सर्टिफाइड कंपनी बन गई।

एक बच्ची की सफाई – कितना बड़ा असर!

4. विज्ञान (SCIENCE)

वैज्ञानिक रूप से DOMINO EFFECT को CHAIN REACTION कहा जाता है। सन् 1983 में वैज्ञानिक LORNE WHITEHEAD ने सिद्ध किया कि एक डोमिनो गोटी अपने से 1.5 गुना बड़े डोमिनो को गिरा सकती है। यानी एक छोटी शुरुआत भी बहुत बड़े परिणामों को जन्म दे सकती है।

यह नियम निर्णय-निर्माण, लक्ष्य निर्धारण और मनोविज्ञान में भी लागू होता है।

5. दर्शन (PHILOSOPHY)

दार्शनिक दृष्टि से DOMINO EFFECT हमें जीवन के कारण-कार्य सिद्धांत की गहराई को समझाता है। "एक विचार – एक व्यवहार – एक आदत – एक चरित्र – एक भाग्य"।

बुद्ध ने कहा था –

"यदि एक पल में ध्यान जागे, तो अनगिनत जन्मों का अंधकार मिट सकता है।"

यानी एक सही विचार, सही दिशा की श्रृंखला शुरू कर सकता है।

6.   अध्यात्म (SPIRITUALITY)

अध्यात्म में DOMINO EFFECT उस सत्संग या सद्गुरु के वचन की तरह है जो हमारे भीतर परिवर्तन का प्रथम बीज बोता है।
एक व्यक्ति का आत्म-परिवर्तन पूरे कुल, समाज और युग को प्रभावित कर सकता है।
रामकृष्ण परमहंस ने विवेकानंद को बदला, और विवेकानंद ने भारत को।
एक आत्मा जागती है – और एक युग जाग जाता है।

7.   मेरा दृष्टिकोण (MY PERSPECTIVE)

मैंने देखा है कि एक 'नहीं'   बोलना जीवन को बचा सकता है, और एक 'हां' कहना पतन की शुरुआत हो सकता है।
एक किताब पढ़ना – एक जीवन बदल सकता है।
एक सही आदत, जैसे सुबह जल्दी उठना – आपके दिन, मन और शरीर की श्रृंखला को रूपांतरित कर सकता है।
मैं मानता हूं, DOMINO EFFECT हर व्यक्ति के जीवन में सन्निहित है – बस उस पहली गोटी को धक्का देना होता है।

8. उपयोगिता (USEFULNESS)

- स्वास्थ्य में: एक दिन व्यायाम शुरू करना – सेहत की श्रृंखला सुधार देता है।
- शिक्षा में: एक नई किताब पढ़ना – ज्ञान की श्रृंखला शुरू करता है।
- व्यवसाय में: एक निर्णय – पूरी कंपनी की दिशा बदल सकता है।
- समाज में: एक व्यक्ति की जागरूकता – आंदोलन का प्रारंभ बन सकती है।

9. अभ्यास (PRACTICE)

- हर दिन एक सकारात्मक आदत अपनाएं – छोटी लेकिन लगातार।
- "पहली गोटी" तय करें – जिस परिवर्तन से अन्य बदलाव शुरू हों।
- नकारात्मक श्रृंखलाओं को पहचानें और उन्हें तोड़ें।
- प्रेरणादायक कार्यों की पहल करें – दूसरों को प्रेरित करें।

10. आत्मचिंतन (REFLECTION)

हर दिन अपने आप से पूछें:
   "क्या मैंने आज कोई ऐसा कदम उठाया जिससे एक सकारात्मक श्रृंखला शुरू हो सके?"
   "क्या मेरी कोई आदत दूसरों पर असर डाल रही है?"
चिंतन से दिशा मिलती है, और दिशा से प्रभाव।

11. उद्धरण (QUOTE)

"हर महान बदलाव की शुरुआत एक छोटी आदत से होती है। बस पहला डोमिनो गिराइए, बाकी खुद गिरते जाएंगे।"
- डॉ. मुकेश अग्रवाल

12. निष्कर्ष (CONCLUSION)

DOMINO EFFECT कोई जादुई चमत्कार नहीं है – यह जीवन का नियम है। हर निर्णय, हर विचार, हर आदत – प्रभाव पैदा करती है।

सवाल यह नहीं कि बदलाव आएगा या नहीं, सवाल यह है कि हम कौन-सी पहली गोटी को धक्का देते हैं।

तो आइए, हम अपनी आदतों, विचारों और कर्मों के पहले डोमिनो को इस तरह चुनें – कि उसका परिणाम एक सुंदर, समृद्ध और प्रेरक श्रृंखला बने।

SNOWBALL EFFECT

1. प्रस्तावना (INTRODUCTION)

SNOWBALL EFFECT वह अदृश्य शक्ति है जिसमें एक छोटी-सी शुरुआत धीरे-धीरे आकार लेती है और विशाल रूप धारण कर लेती है – ठीक वैसे ही जैसे एक छोटी सी बर्फ़ की गेंद ढलान पर लुड़कते-लुड़कते एक विशालकाय गोले में बदल जाती है।

यह प्रभाव हमें बताता है – छोटे कदम भी यदि सही दिशा में हों, तो वे बड़े बदलावों को जन्म दे सकते हैं।

2. उत्पत्ति (BIRTH)

इस प्रभाव का नाम बर्फ़ीले क्षेत्रों से आया, जहां एक छोटी-सी बर्फ़ की गेंद पहाड़ी से नीचे गिरते हुए दूसरी बर्फ को समेटती जाती है और विशाल हो जाती है।

व्यवहारिक रूप से यह सिद्धांत COMPOUND EFFECT और MOMENTUM THEORY से भी जुड़ा है, जो बताते हैं कि निरंतरता और गति कैसे किसी प्रयास को अद्भुत परिणामों तक ले जाते हैं।

3. कहानी (STORY)

एक युवक ने रोज़ केवल 1 पेज पढ़ने का संकल्प लिया। शुरुआत में मामूली था, लेकिन कुछ महीनों में वह हर हफ्ते एक किताब पढ़ने लगा। कुछ सालों में उसने 500 से अधिक किताबें पढ़ डालीं और एक सफल लेखक बन गया।

छोटा संकल्प – बड़ा परिणाम।

4. विज्ञान (SCIENCE)

विज्ञान में इसे ACCUMULATIVE EFFECT कहा जाता है।

NEWTON'S FIRST LAW के अनुसार: कोई वस्तु जब तक बाहरी बल न लगे, अपनी गति बनाए रखती है।

इसी प्रकार, SNOWBALL EFFECT में एक छोटा बदलाव यदि बाधित न हो, तो अपनी गति और आकार दोनों में वृद्धि करता है।

5. दर्शन (PHILOSOPHY)

दार्शनिक दृष्टि से SNOWBALL EFFECT "सतत विकास" का सिद्धांत है। "बूँद-बूँद से घड़ा भरता है" – यही विचार SNOWBALL EFFECT की जड़ है।

महात्मा गांधी का कहना था –

"आप जो करते हैं, वह महत्वहीन हो सकता है; परंतु वह करना अत्यंत महत्वपूर्ण है।" क्योंकि वही छोटे कार्य बड़े बदलाव का आरंभ होते हैं।

6. अध्यात्म (SPIRITUALITY)

अध्यात्म में SNOWBALL EFFECT उस साधक की तरह है जो हर दिन थोड़ी साधना करता है। धीरे-धीरे उसका मन शांत, चेतना जागृत, और आत्मा निर्मल होती जाती है।
जप, तप, सेवा – ये सभी छोटी क्रियाएं अंततः आत्मज्ञान के विशाल पर्वत को जन्म देती हैं।

7. मेरा दृष्टिकोण (MY PERSPECTIVE)

मैंने SNOWBALL EFFECT को अपने जीवन में कई बार महसूस किया है –
जब मैंने लेखन की शुरुआत की थी, तो हर दिन एक पैराग्राफ लिखा करता था।
कुछ वर्षों में वे विचार पुस्तकों में बदल गए।
हर सुबह की 10 मिनट की मौन साधना – अब जीवन की ऊर्जा बन गई है।
मैं मानता हूं कि "अधीर व्यक्ति क्रांति चाहता है, लेकिन धीर व्यक्ति SNOWBALL EFFECT से इतिहास रचता है।"

8. उपयोगिता (USEFULNESS)

- स्वास्थ्य: रोज़ 10 मिनट योग – वर्षों में उत्तम स्वास्थ्य
- वित्त: रोज़ थोड़ी बचत – भविष्य की समृद्धि
- शिक्षा: रोज़ एक नई जानकारी – बौद्धिक विस्तार
- व्यक्तित्व विकास: रोज़ एक सकारात्मक आदत – प्रेरणादायक व्यक्तित्व

9. अभ्यास (PRACTICE)

- अपने लक्ष्य को छोटे हिस्सों में बाँटिए
- हर दिन थोड़ी प्रगति कीजिए
- तुलना दूसरों से नहीं, कल के स्वयं से कीजिए
- निरंतरता को प्राथमिकता दीजिए, परिपूर्णता बाद में आएगी

10. आत्मचिंतन (REFLECTION)

हर रात खुद से पूछिए –
"क्या मैंने आज उस छोटी सी बर्फ़बारी को गति दी?"
"क्या मेरी आदतें मुझे उस विशाल सफलता की ओर ले जा रही हैं?"
SNOWBALL EFFECT आत्मविश्वास नहीं, आत्मनिष्ठा मांगता है।

11. उद्धरण (QUOTE)

"सफलता किसी एक छलांग का नाम नहीं, वो हर दिन की छोटी लुड़कती बर्फ़बारी है जो अंततः पर्वत बन जाती है।"
- डॉ. मुकेश अग्रवाल

12. निष्कर्ष (CONCLUSION)

SNOWBALL EFFECT हमें सिखाता है कि बड़ी शुरुआत की ज़रूरत नहीं – सिर्फ सही दिशा में पहला कदम चाहिए।

छोटी-छोटी आदतें, सोच और कर्म – जब निरंतरता से निभाए जाएं, तो वे जीवन की शक्ल बदल सकते हैं।

आपका हर दिन, हर विचार, हर कदम – एक SNOWBALL है।

उसे दिशा दें, उसे गति दें – और देखिए, वो कहाँ तक पहुँचता है।

1. प्रस्तावना (INTRODUCTION)

क्या कभी आपने सिर्फ किसी की मुस्कान देखकर उसे अच्छा इंसान मान लिया? या किसी सफल व्यक्ति को देखकर ये मान लिया कि वह हर क्षेत्र में श्रेष्ठ होगा? यही है HALO EFFECT – जब किसी की एक विशेषता पूरे व्यक्तित्व को प्रभावित कर देती है।

यह प्रभाव हमारे निर्णयों, धारणाओं और रिश्तों में चुपचाप गहराई से मौजूद होता है।

2. उत्पत्ति (BIRTH)

HALO EFFECT शब्द का सर्वप्रथम उपयोग 1920 में अमेरिकी मनोवैज्ञानिक EDWARD THORNDIKE ने किया।

उन्होंने पाया कि जब कोई व्यक्ति एक विशेष गुण (जैसे – सुंदरता या बुद्धिमत्ता) के लिए जाना जाता है, तो लोग अनजाने में मान लेते हैं कि वह अन्य गुणों में भी बेहतर होगा।

यानी एक 'HALO' या प्रभामंडल उसकी पूरी छवि पर छा जाता है।

3. कहानी (STORY)

एक बार एक स्कूल में दो बच्चों के रिपोर्ट कार्ड पर सिर्फ नाम बदल दिए गए। एक को 'प्रतिभाशाली' बताया गया, दूसरे को 'औसत'।

शिक्षकों ने 'प्रतिभाशाली' छात्र को अधिक अवसर, प्रोत्साहन और ध्यान दिया। वर्ष के अंत तक वह वास्तव में अच्छे परिणाम लाया – जबकि वह पहले औसत ही था।

यह था HALO EFFECT का चमत्कार – एक धारणात्मक भ्रम जिसने परिणाम को भी बदल दिया।

4. विज्ञान (SCIENCE)

HALO EFFECT एक COGNITIVE BIAS (संज्ञानात्मक पूर्वग्रह) है।

मस्तिष्क सूचना को जल्दी संसाधित करने के लिए शॉर्टकट लेता है – जिससे एक गुण से पूरे व्यक्ति की छवि बना दी जाती है।

उदाहरण: सुंदर लोगों को अधिक ईमानदार, बुद्धिमान और सक्षमता वाला माना जाना – चाहे उनके पास वो गुण हों या नहीं।

5. दर्शन (PHILOSOPHY)

दर्शन में HALO EFFECT हमें बुद्धि के भ्रम से परिचित कराता है।"हम जैसा देखते हैं, वैसा होता नहीं – और जैसा होता है, वैसा हम देख नहीं पाते।" यह प्रभाव हमारे

निर्णयों में अविवेकपूर्ण झुकाव को उजागर करता है – जिससे हम सही और गलत के बीच भटक सकते हैं।

6. अध्यात्म (SPIRITUALITY)

अध्यात्म सिखाता है कि आत्मा का प्रकाश आंतरिक होता है, बाह्य नहीं।HALO EFFECT बाहरी आवरण पर केंद्रित होता है, जबकि अध्यात्म आंतरिक सत्य की ओर उन्मुख करता है।
राम और रावण की कथा में रावण का तेजस्वी व्यक्तित्व लोगों को भ्रमित करता है – लेकिन भीतर का अहंकार अंततः पराजय लाता है।

7. मेरा दृष्टिकोण (MY PERSPECTIVE)

मैंने यह प्रभाव डॉक्टर, नेता, शिक्षक और यहां तक कि रोगियों में भी देखा है। जब किसी एक उपलब्धि या छवि के कारण पूरा मूल्यांकन किया जाता है, तो यह अंधविश्वास पैदा करता है।
मुझे लगता है – हमें हर व्यक्ति को तटस्थ भाव से देखना चाहिए – गुणों के आधार पर, न कि उसके प्रभामंडल के आधार पर।

8. उपयोगिता (USEFULNESS)

- नेतृत्व में: एक अच्छा वक्ता जरूरी नहीं कि अच्छा निर्णयकर्ता भी हो
- शिक्षा में: छात्रों को उनकी एक उपलब्धि के आधार पर पूरी तरह आंकना नुचित हो सकता है
- प्रेम संबंधों में: किसी एक अच्छाई से पूरा चरित्र न आंकें
- मार्केटिंग में: HALO EFFECT का प्रयोग ब्रांडिंग और सेल्स बढ़ाने में होता है

9. अभ्यास (PRACTICE)

- निर्णय लेते समय विश्लेषणात्मक दृष्टिकोण अपनाएं
- किसी की एक विशेषता को देख कर पूर्ण मूल्यांकन न करें
- अपने पूर्वाग्रहों का अवलोकन करें
- FEEDBACK लेने से HALO EFFECT को संतुलित किया जा सकता है
- स्वयं को भी देखिए: क्या आप किसी छवि में उलझे हुए हैं?

10. आत्मचिंतन (REFLECTION)

- क्या मैं किसी को सिर्फ उसकी सफलता या सुंदरता के आधार पर आंकता हूँ?
- क्या मैं किसी की कमजोरी के कारण उसकी अच्छाइयों को अनदेखा कर देता हूँ?
- क्या मैं खुद भी एक HALO EFFECT बनाकर जीवन जी रहा हूँ?

11. उद्धरण (QUOTE)

 "ध्यान दो कि कहीं तुम्हारी नजर का प्रकाश, सच्चाई की छाया न बन जाए।"
- डॉ. मुकेश अग्रवाल

12. निष्कर्ष (CONCLUSION)

HALO EFFECT हमें यह सिखाता है कि मनुष्य की पहचान एक गुण से नहीं, उसके समग्र व्यक्तित्व से होती है।

हमें चेतन होकर यह पहचानना होगा कि कहीं हमारी दृष्टि किसी आभा से भ्रमित तो नहीं?

जब हम वस्तुपरक दृष्टिकोण से लोगों को देखते हैं – तभी न्याय, प्रेम और समझ की असली शुरुआत होती है।

अपनी नजरों को साफ कीजिए – ताकि आप सच्चाई को देख सकें, न कि केवल उसका प्रभाव।

PYGMALION EFFECT

1. प्रस्तावना (INTRODUCTION)

क्या आपने कभी सोचा है कि जब कोई आपसे बहुत उम्मीद करता है, तो आप खुद को बेहतर साबित करने की कोशिश करने लगते हैं?

और जब कोई आपको नाकारा समझता है, तो आपका आत्मविश्वास भी डगमगाने लगता है?

यही है PYGMALION EFFECT – जब आपकी सफलता इस बात पर निर्भर करती है कि दूसरे आपसे क्या अपेक्षा रखते हैं।

2. उत्पत्ति (BIRTH)

इस शब्द की उत्पत्ति ग्रीक मिथक 'PYGMALION' से हुई है – एक मूर्तिकार जो अपनी ही बनाई सुंदर मूर्ति से प्रेम कर बैठता है, और उसकी गहरी भावना से वह मूर्ति जीवन्त हो जाती है।

इसी से प्रेरित होकर 1968 में ROBERT ROSENTHAL और LENORE JACOBSON ने शिक्षा में यह सिद्धांत प्रस्तुत किया कि –

जब शिक्षकों को बताया गया कि कुछ छात्र विशेष रूप से प्रतिभाशाली हैं (भले ही वे सामान्य हों), तो उन छात्रों के प्रदर्शन में चमत्कारी सुधार हुआ।

3. कहानी (STORY)

एक अध्यापक को कक्षा के शुरुआत में बताया गया कि "राज" नाम का छात्र बहुत प्रतिभाशाली है।

वास्तव में वह औसत था। लेकिन साल भर उस शिक्षक ने राज को विशेष ध्यान, आत्मीयता और उम्मीदों के साथ पढ़ाया।

साल के अंत में राज पूरे स्कूल में टॉप कर गया।

ये था PYGMALION EFFECT – उम्मीदों की शक्ति ने उसकी हकीकत को बदल डाला।

4. विज्ञान (SCIENCE)

PYGMALION EFFECT एक SELF-FULFILLING PROPHECY (स्वयंसिद्ध भविष्यवाणी) है –

जब हम किसी से उच्च अपेक्षा रखते हैं, तो हम उनका वैसा ही व्यवहार, प्रतिक्रिया और अवसर प्रदान करते हैं।

वो व्यक्ति उस ऊर्जा को ग्रहण कर वैसे ही प्रदर्शन करने लगता है – जिससे अपेक्षा सच हो जाती है।

इसका विपरीत प्रभाव GOLEM EFFECT कहलाता है – जब नकारात्मक अपेक्षाएं प्रदर्शन को बिगाड़ देती हैं।

5. दर्शन (PHILOSOPHY)
भारतीय दर्शन कहता है – "यथा भावं तदा भवति" – जैसा मन में भाव होगा, वैसा ही जीवन बनेगा।
PYGMALION EFFECT हमें सिखाता है कि दृष्टिकोण ही निर्माण करता है।
अपेक्षा का बीज यदि प्रेम, विश्वास और संभावना से बोया जाए – तो परिणाम में चमत्कार संभव है।

5.   अध्यात्म (SPIRITUALITY)
 भगवद्गीता में श्रीकृष्ण अर्जुन से कहते हैं – "श्रद्धावान लभते ज्ञानम्" –
जहां श्रद्धा होती है, वहीं आत्मा खिलती है।
PYGMALION EFFECT अध्यात्म में गुरु-शिष्य परंपरा का मूल भी है – गुरु की श्रद्धा और अपेक्षा शिष्य को तपस्वी बना देती है।

6.   मेरा दृष्टिकोण (MY PERSPECTIVE)
VHCA में जब हम किसी मरीज को विश्वास दिलाते हैं – "आपके बाल आ सकते हैं," तो वे दोगुने समर्पण से उपचार करते हैं।
या जब मैं किसी युवा कर्मचारी को कहता हूं – "तू लीडर बन सकता है," तो वह वाकई नेतृत्व दिखाने लगता है।
मेरे लिए यह सिद्धांत सिर्फ विज्ञान नहीं – प्रेरणा का मंत्र है।

8. उपयोगिता (USEFULNESS)
- शिक्षा में: शिक्षक की अपेक्षा छात्र के भविष्य को गढ़ सकती है
- प्रबंधन में: मैनेजर की सोच कर्मचारियों का प्रदर्शन तय करती है
- रिश्तों में: सकारात्मक अपेक्षाएं रिश्तों को गहराई देती हैं
- मूल्यांकन में: HR और कंपनियां चयन प्रक्रिया में इस प्रभाव को समझें

9. अभ्यास (PRACTICE)
- दूसरों से सकारात्मक और यथार्थवादी अपेक्षाएं रखें
- उन्हें विश्वास दिलाएं कि वे कुछ कर सकते हैं
- सशक्तिकरण की भाषा बोलें: "मैं जानता हूँ तुम कर लोगे"
- बच्चों, विद्यार्थियों और कर्मचारियों को सकारात्मक प्रतिक्रिया दें
- अपेक्षा और व्यवहार में संतुलन रखें

10. आत्मचिंतन (REFLECTION)

- क्या मैं दूसरों से प्रेरणादायक अपेक्षा रखता हूँ या आलोचनात्मक?
- क्या मेरी उम्मीदें किसी के जीवन में बदलाव ला रही हैं?
- क्या मैं खुद से भी सकारात्मक अपेक्षा रखता हूँ?

11. उद्धरण (QUOTE)

"जिस तरह सूर्य की ओर झुकी कलियाँ खिल उठती हैं, वैसे ही विश्वास की ओर झुके लोग विकसित हो जाते हैं।"
- डॉ. मुकेश अग्रवाल

12. निष्कर्ष (CONCLUSION)

PYGMALION EFFECT एक साधारण सिद्धांत नहीं – यह जीवन निर्माण की चाबी है।
हमारी उम्मीदें किसी के जीवन की दिशा बदल सकती हैं।
तो क्यों न हम हर दिन किसी में संभावना देखना शुरू करें –
क्योंकि जब आप किसी को उसकी ऊँचाई दिखाते हैं, तो वो उड़ने की कोशिश जरूर करता है।

BROKEN WINDOW THEORY

1. प्रस्तावना (INTRODUCTION)

क्या आपने कभी ऐसे मोहल्ले देखे हैं जहां एक टूटा बल्ब, एक टूटी खिड़की या गंदगी का ढेर धीरे-धीरे पूरे क्षेत्र को बर्बाद कर देता है?

यह सिर्फ एक टूटी चीज़ नहीं होती – यह एक संदेश बन जाती है: "यहाँ कोई परवाह नहीं करता।"

यही है BROKEN WINDOW THEORY – छोटी-छोटी उपेक्षाएं कैसे बड़े अपराधों और पतन का कारण बनती हैं।

2. उत्पत्ति (BIRTH)

1982 में JAMES Q. WILSON और GEORGE L. KELLING ने इस थ्योरी को प्रस्तुत किया।

उनका निष्कर्ष:

"यदि एक टूटी खिड़की को ठीक नहीं किया जाता, तो जल्द ही और खिड़कियाँ टूट जाएंगी।"

ये थ्योरी अपराध नियंत्रण, शहरी प्रबंधन और समाजशास्त्र में एक क्रांति की तरह आई।

3. कहानी (STORY)

न्यूयॉर्क मेट्रो सबवे 1980S में गंदगी, भित्तिचित्रों और अपराध से ग्रस्त था।

एक प्रशासनिक निर्णय लिया गया – पहले GRAFFITI साफ करो, फिर FARE EVASION रोको।

आश्चर्यजनक रूप से, अपराध दर में भारी गिरावट आई।

एक छोटी साफ-सफाई की कोशिश ने बड़ी सामाजिक सुधर की राह खोल दी।

4. विज्ञान (SCIENCE)

इस थ्योरी का मनोविज्ञान कहता है:

VISUAL DISORDER (जैसे गंदगी, टूटी चीजें) → लोगों में असुरक्षा और लापरवाही की भावना बढ़ती है

इससे SOCIAL NORMS कमजोर होते हैं और लोग नियम तोड़ने लगते हैं

परिणामस्वरूप, छोटे अपराध → बड़े अपराधों में बदल जाते हैं

4. दर्शन (PHILOSOPHY)

यह थ्योरी हमें 'संकेतों की शक्ति' का बोध कराती है।

बाहरी व्यवस्था, आंतरिक अनुशासन को दर्शाती है।

जैसे महात्मा गांधी कहते थे –
"स्वच्छता स्वतंत्रता से भी महत्वपूर्ण है।"
दर्शन यही कहता है – छोटे कृत्य ही जीवन के बड़े मूल्यों को दर्शाते हैं।

6. अध्यात्म (SPIRITUALITY)

- आध्यात्मिक दृष्टिकोण से, हर छोटा पाप आत्मा पर एक खरोंच है।
- अगर हम उसे नजरअंदाज करें, तो वह धीरे-धीरे संपूर्ण व्यक्तित्व को धुंधला कर देता है।
- योग और ध्यान हमें हर छोटे विकार को पहचानकर स्वच्छ और जागरूक जीवन जीने की प्रेरणा देते हैं।

7. मेरा दृष्टिकोण (MY PERSPECTIVE)

VHCA क्लीनिक में, हम हर दिन सुनिश्चित करते हैं कि कोई कोना गंदा न हो, कोई पोस्टर टेढ़ा न हो।
क्योंकि मैं मानता हूं –
"अगर हम एक टूटी खिड़की को नजरअंदाज करते हैं, तो हम मरीज का भरोसा खोने की शुरुआत कर चुके होते हैं।"
व्यक्तिगत जीवन में भी – समय पर बिस्तर लगाना, ईमेल का उत्तर देना – ये सब 'टूटी खिड़कियां' हैं या उन्हें ठीक करने के प्रयास।

8. उपयोगिता (USEFULNESS)

- अपराध नियंत्रण: छोटे अपराधों पर नियंत्रण से बड़े अपराध रोके जा सकते हैं
- शिक्षा: स्कूलों में अनुशासन और स्वच्छता पर ध्यान देना
- व्यक्तिगत जीवन: समय की पाबंदी, स्थान की स्वच्छता से जीवन संतुलित बनता है
- संगठन: ऑफिस में साफ-सुथरा वातावरण कर्मचारियों को प्रेरित करता है

9. अभ्यास (PRACTICE)

- हर दिन कोई एक 'टूटी खिड़की' ठीक करें – घर में, ऑफिस में या खुद में
- सार्वजनिक जगहों पर गंदगी न फैलाएं, और न फैलाने दें
- दूसरों को सुधारने से पहले खुद के व्यवहार की समीक्षा करें
- छोटी चीजों को हल्के में न लें – वे बड़ा असर छोड़ती हैं

10. आत्मचिंतन (REFLECTION)

- क्या मेरे जीवन में ऐसी कोई टूटी खिड़की है जिसे मैं नजरअंदाज कर रहा हूँ?
- क्या मैं दूसरों को अनुशासन और सजगता का उदाहरण दे रहा हूँ?
- क्या मेरे छोटे निर्णय समाज में बड़ी चेतना ला सकते हैं?

11. उद्धरण (QUOTE)

"टूटी खिड़की सिर्फ कांच नहीं तोड़ती, वह उम्मीद, अनुशासन और संस्कृति को भी चकनाचूर करती है।"
- डॉ. मुकेश अग्रवाल

12. निष्कर्ष (CONCLUSION)

BROKEN WINDOW THEORY हमें यह सिखाती है कि हर छोटी उपेक्षा एक बड़ी गड़बड़ी की शुरुआत हो सकती है।
समाज हो या जीवन – हर खिड़की की मरम्मत जरूरी है।
आज अगर हम छोटी गलतियों को पहचान कर सुधार लें,
तो कल समाज और आत्मा दोनों सुरक्षित, सुंदर और सशक्त होंगे।

BOOMERANG EFFECT

1. प्रस्तावना (INTRODUCTION)

क्या कभी आपने किसी को ज़बरदस्ती समझाने की कोशिश की और उन्होंने आपकी बात मानने की बजाय उलटा विरोध करना शुरू कर दिया? यह केवल एक असहमति नहीं थी – यह था BOOMERANG EFFECT, जब आपकी कही बात आपके खिलाफ़ ही काम करने लगती है।

यह सिद्धांत बताता है:

"हर तर्क असरदार नहीं होता, और हर दबाव बदलाव नहीं लाता।"

2. उत्पत्ति (BIRTH)

इस विचार की शुरुआत 1950S में हुई, जब मनोवैज्ञानिकों ने देखा कि जोर-जबरदस्ती से दी गई राय अक्सर उलटा असर डालती है।

HOVLAND, JANIS, और KELLEY जैसे शोधकर्ताओं ने इसे संप्रेषण सिद्धांत में परिभाषित किया।

बूमरैंग इफेक्ट का नाम एक ऑस्ट्रेलियन हथियार से आया – जो फेंकने पर लौटकर फेंकने वाले को ही लगता है।

3. कहानी (STORY)

एक पिता ने अपने बेटे को बार-बार कहा:

"स्मार्टफोन छोड़ो, पढ़ाई करो!"

बेटा पहले तो चुप रहा, फिर और ज़्यादा फोन में घुस गया।

पिता की नीयत सही थी, पर तरीका गलत।

यही है BOOMERANG EFFECT – जब अच्छी मंशा, गलत प्रस्तुति से उलटे परिणाम लाती है।

4. विज्ञान (SCIENCE)

इसका आधार है PSYCHOLOGICAL REACTANCE THEORY –

जब कोई व्यक्ति महसूस करता है कि उसकी स्वतंत्रता छीनी जा रही है, तो वह विरोध की मनोवैज्ञानिक प्रतिक्रिया देता है।

इससे वह उस राय के खिलाफ़ चला जाता है, जो असल में उसके भले के लिए थी।

5. दर्शन (PHILOSOPHY)

दार्शनिक दृष्टि से यह बताता है –

सत्य भी अगर जबरदस्ती थोपा जाए, तो उसका स्वाद कड़वा हो जाता है।

ज्ञान को देना है, तो प्रेम और स्वीकार्यता से दो।

"ज्ञान वह दीपक है जो जबरन नहीं जलाया जा सकता – वह भीतर से प्रज्वलित होता है।"

6. अध्यात्म (SPIRITUALITY)

- आध्यात्मिक रूप से, हर आत्मा स्वतंत्र है।
- उसे दबाना नहीं, जागृत करना होता है।
- श्रीकृष्ण ने भी अर्जुन को उपदेश नहीं थोपा – उन्होंने सिर्फ मार्ग दिखाया।
- प्रेरणा भीतर से आती है, जब बाहरी प्रभाव विनम्र होता है।

7. मेरा दृष्टिकोण (MY PERSPECTIVE)

- VHCA में जब कोई मरीज इलाज से डरता है, तो हम उस पर दबाव नहीं डालते।
- हम उसके साथ बैठते हैं, सुनते हैं, समझाते हैं –
- क्योंकि समझदारी से कही गई बात ही स्थायी परिवर्तन लाती है।
- मेरे अनुभव में – शिक्षा, चिकित्सा, या संबंध – किसी भी क्षेत्र में मनोबल तोड़ने वाला संवाद केवल दूरी बढ़ाता है।

8. उपयोगिता (USEFULNESS)

- काउंसलिंग में: सही शब्दों का चयन, भावनाओं की समझ
- पेरेंटिंग में: आदेश नहीं, संवाद प्रभावी होता है
- मार्केटिंग में: आक्रामक विज्ञापन से ग्राहक चिढ़ सकते हैं
- नेतृत्व में: अधीनस्थों पर अत्यधिक नियंत्रण, विद्रोह को जन्म देता है

9. अभ्यास (PRACTICE)

- बात रखने से पहले खुद से पूछें: "क्या मेरा तरीका कठोर तो नहीं?"
- विकल्प दें, आदेश नहीं
- संवाद को एकतरफा न रखें, सुनें भी उतना ही जितना बोलें
- विरोध होने पर धैर्य से कारण समझें, प्रतिक्रिया न करें

10. आत्मचिंतन (REFLECTION)

- क्या मैं दूसरों को ज़बरदस्ती समझा रहा हूँ या उन्हें शामिल कर रहा हूँ?
- क्या मेरी बात दूसरों के मन में गूंजती है या टकराकर लौट आती है?
- क्या मैं सहमति के बीज बो रहा हूँ या प्रतिक्रिया के कांटे?

11. उद्धरण (QUOTE)
"बातें बूमरैंग बन जाती हैं, जब उन्हें प्रेम से नहीं, दंभ से फेंका जाता है।"
- डॉ. मुकेश अग्रवाल

12. निष्कर्ष (CONCLUSION)
BOOMERANG EFFECT हमें यह सिखाता है कि संदेश से ज्यादा महत्वपूर्ण होता है उसका तरीका।
अगर हम चाहते हैं कि लोग हमारी बात सुनें, तो हमें पहले उनके मन में जगह बनानी होगी।
सच्चा परिवर्तन बाहरी दबाव से नहीं, भीतर की प्रेरणा से आता है।
इसलिए, अगली बार जब आप किसी को कुछ समझाएं,
तो शब्दों से पहले भावनाओं को छूने की कोशिश करें।

COMPOUNDING EFFECT

1. प्रस्तावना (INTRODUCTION)

एक रूपया हर दिन दोगुना हो तो 30वें दिन कितना होगा?

सिर्फ ₹1 से शुरू होकर ₹53 करोड़ से अधिक।

यही है COMPOUNDING EFFECT – जब नन्हे प्रयास समय के साथ विशाल परिणाम देते हैं।

"SUCCESS IS NOT A GIANT LEAP; IT'S THE SUM OF TINY STEPS TAKEN CONSISTENTLY."

2. जन्म (BIRTH)

इस सिद्धांत का मूल अर्थ वित्तीय दुनिया से है –

ALBERT EINSTEIN ने इसे "8वां आश्चर्य" कहा।

लेकिन समय के साथ यह सिद्धांत जीवन, आदतों, स्वास्थ्य और शिक्षा में भी उतना ही लागू हुआ।

JAMES CLEAR की किताब ATOMIC HABITS ने इसे व्यावहारिक जीवन में समझने का मार्ग दिखाया।

3. कहानी (STORY)

दो दोस्तों में से एक हर दिन 1% बेहतर होने का संकल्प लेता है –

पढ़ना, दौड़ना, सीखना।

दूसरा कहता है – "कल से शुरू करूंगा।"

1 साल बाद पहला दोस्त बदल चुका होता है –

शारीरिक, मानसिक, आर्थिक हर स्तर पर।

दूसरे की ज़िंदगी वहीं की वहीं।

छोटा बदलाव रोज़ – बन जाता है असाधारण परिणाम।

4. विज्ञान (SCIENCE)

COMPOUNDING को गणितीय रूप में देखा जाए तो:

FUTURE VALUE = PRESENT VALUE × (1 + RATE)^TIME

यह सिद्धांत बताता है कि समय बीतने के साथ नफा EXPONENTIAL हो जाता है चाहे वह पैसा हो, ज्ञान हो या स्वास्थ्य।

हर आदत, हर दिन, हर प्रयास – जुड़कर एक क्रांति रचते हैं।

5. दर्शन (PHILOSOPHY)

दर्शन कहता है –

"नदी पत्थर को धीरे-धीरे काटती है, पर करती जरूर है।"

CONSISTENCY IS A MORAL POWER.

हर दिन का एक निर्णय, एक अभ्यास –

जीवन को उस दिशा में ले जाता है जहां हम जाना चाहते हैं।

6. अध्यात्म (SPIRITUALITY)

साधना भी संकल्प और निरंतरता की मांग करती है।

राम का वनवास हो या बुद्ध का तप –

हर महान परिवर्तन हर दिन के छोटे अभ्यासों का परिणाम था।

COMPOUNDING EFFECT हमें सिखाता है –

"हर जप, हर ध्यान, हर कर्म – अंततः एक ऊर्जा बनकर लौटता है।"

7. मेरा दृष्टिकोण (MY PERSPECTIVE)

VHCA AYURVEDA में मैं देखता हूँ –

जो मरीज़ नियमित औषधि, योग और खानपान के निर्देशों का पालन करते हैं,

उनका सुधार चमत्कारी होता है।

एक बाल वापस नहीं आता, पर आदतों का योग, पूरे सिर की सुंदरता लौटा सकता

है।

COMPOUNDING मेरे लिए सिर्फ आर्थिक सिद्धांत नहीं –

यह जीवन की शैली है।

8. उपयोगिता (USEFULNESS)

- पढ़ाई में: हर दिन 10 पेज़, साल भर में 3600 पेज़
- सेहत में: 20 मिनट की वॉक, जीवन में ऊर्जा
- वित्त में: हर महीने की छोटी बचत, रिटायरमेंट की स्वतंत्रता
- रिश्तों में: हर दिन एक प्यार भरा शब्द, संबंध गहरे होते हैं
- आत्मविकास में: हर दिन आत्मचिंतन – बड़ा बदलाव लाता है

9. अभ्यास (PRACTICE)

- दिन की शुरुआत एक छोटी अच्छी आदत से करें
- ट्रैक करें: दिन, आदत, सुधार
- 1% BETTER DAILY का लक्ष्य रखें
- छोटे लक्ष्य तय करें – जैसे "इस हफ्ते 3 बार वॉक करूंगा"
- खुद को इनाम दें – प्रगति का उत्सव मनाएं

10. आत्मचिंतन (REFLECTION)

- क्या मैं रोज़ एक छोटा कदम उठा रहा हूँ जो मुझे मेरे लक्ष्य की ओर ले जाए?
- क्या मैं ताक्कालिक आनंद को दीर्घकालिक सफलता से बड़ा मान रहा हूँ?
- क्या मैं CONSISTENCY में विश्वास करता हूँ या सिर्फ MOTIVATION पर निर्भर हूँ?

11. उद्धरण (QUOTE)

"जो काम आज छोटा लगता है, वही कल इतिहास रच देता है – अगर आप रोज़ करते रहें।" –DR MUKESH AGGARWAL

12. निष्कर्ष (CONCLUSION)

COMPOUNDING EFFECT हमें ये सिखाता है कि "SUCCESS IS NOT SEXY, IT'S SIMPLE AND REPETITIVE."
हर दिन का छोटा निर्णय, छोटा अभ्यास, छोटा बलिदान –
समय के साथ असाधारण बन जाता है।
जो इसे समझ गया –
वो हर क्षेत्र में सफल हो गया।
"बदलाव एक दिन में नहीं आता, पर हर दिन आता है।"

FREQUENCY ILLUSION

1. प्रस्तावना (INTRODUCTION)

आपने कभी नया फोन लिया और अचानक वो मॉडल हर जगह दिखने लगा?
या कोई नया शब्द सीखा और अब वह हर किताब, हर बातचीत में सुनाई देता है?
यह कोई जादू नहीं, यह है FREQUENCY ILLUSION – जिसे BAADER-MEINHOF PHENOMENON भी कहते हैं।
"हम वही देखते हैं, जिसे हमारा मन देखना चाहता है।"

2. जन्म (BIRTH)

इस शब्द को पहली बार 1994 में एक इंटरनेट यूज़र ने गढ़ा।
साइकोलॉजिस्ट्स ने इसे SELECTIVE ATTENTION और CONFIRMATION BIAS के मिश्रण के रूप में समझाया।
जब कोई जानकारी हमारे ध्यान में आती है, तो वह हमें हर जगह दिखने लगती है।

3. कहानी (STORY)

एक छात्र ने "LAW OF ATTRACTION" पढ़ा और अब हर जगह उसी विषय की किताबें, वीडियो, पोस्ट दिखाई देने लगीं।
उसका मन बार-बार यही कहता – "यह तो मुझे पहले क्यों नहीं दिखा?"
असल में, वह पहले भी वहीं था – लेकिन ध्यान नहीं था।
दृष्टि वही रहती है, पर देखने का तरीका बदल जाता है।

4. विज्ञान (SCIENCE)

- FREQUENCY ILLUSION दो मानसिक प्रक्रियाओं पर निर्भर करती है:
- SELECTIVE ATTENTION: अब आप उस चीज़ पर ध्यान देने लगते हैं।
- CONFIRMATION BIAS: आपका दिमाग उसी चीज़ को बार-बार देखना और पुष्टि करना चाहता है।
- यह दिमाग की एक SURVIVAL MECHANISM भी है – ताकि हम ज़रूरी चीज़ें जल्दी पकड़ सकें।

4. दर्शन (PHILOSOPHY)

"जैसा चिंतन, वैसा दर्शन।"
जिस विचार की आवृत्ति बढ़ जाती है, वही हमारे जीवन में बार-बार प्रकट होता है।
गीता में श्रीकृष्ण कहते हैं –

"मनुष्य जैसा स्मरण करता है, वैसा ही वह बनता है।"
हमारा ध्यान ही हमारा संसार रचता है।

6. अध्यात्म (SPIRITUALITY)

- जप, ध्यान, संकल्प – ये सब FREQUENCY ILLUSION का ही अभ्यास हैं।
- अगर आप प्रतिदिन "ॐ शांति" का जप करते हैं,
- तो जीवन में हर अशांति में भी शांति दिखाई देने लगती है।
- ध्यान से ध्यान केंद्रित होता है, और संसार वैसा ही बनता है जैसा हमारा ध्यान।

8. मेरा दृष्टिकोण (MY PERSPECTIVE)

VHCA में जब कोई रोगी बाल झड़ने की समस्या लेकर आता है,
और हम उसे समाधान देते हैं, तो अचानक वह हर जगह बालों की समस्याएं देखने लगता है।
यह अवचेतन जागरूकता है – जो उपचार को गहराई देती है।
FREQUENCY ILLUSION को सकारात्मक दिशा में उपयोग करें –
तो यह एक आध्यात्मिक अभ्यास बन सकता है।

8. उपयोगिता (USEFULNESS)

- शिक्षा: जो विषय हम रोज़ पढ़ते हैं, वही प्रश्न परीक्षा में दिखते हैं।
- व्यवसाय: जिस समस्या पर ध्यान देंगे, वही ग्राहकों में दिखेगी।
- रिश्ते: जिस भावना को खोजेंगे – प्यार या ग़लती – वही मिलेगी।
- स्वास्थ्य: जिस लक्षण पर ध्यान देंगे, वही बढ़ेगा या घटेगा।

9. अभ्यास (PRACTICE)

- सुबह उठते ही एक लक्ष्य को दोहराएं – "आज मैं अवसर देखूंगा।"
- ध्यान केंद्रित करें: एक विषय, एक विचार, एक भाव
- अपने ध्यान की डायरी बनाएं – क्या आपने देखा, क्यों देखा?
- नकारात्मक ILLUSION से बचें – "मुझे सब JUDGE कर रहे हैं" जैसी सोचों को चुनौती दें।
- MINDFUL LIVING का अभ्यास करें

10. आत्मचिंतन (REFLECTION)

- क्या मैं वही देख रहा हूँ, जो सच है – या जो मैं देखना चाहता हूँ?
- मेरा ध्यान किस दिशा में बह रहा है – सकारात्मक या नकारात्मक?
- क्या मैं अपने विचारों से अपना संसार रच रहा हूँ?

11. उद्धरण (QUOTE)

"जिस विचार की आवृत्ति बढ़ा दो, वो तुम्हारी दुनिया बन जाएगा।" - डॉ मुकेश अग्रवाल

12. निष्कर्ष (CONCLUSION)

FREQUENCY ILLUSION एक चेतना की शक्ति है –
जो हमारी सोच, अनुभव और निर्णय को प्रभावित करती है।
जब हम इस सिद्धांत को समझते हैं,
तो हम जान जाते हैं –
"जो भीतर है, वही बाहर दिखाई देता है।"
ध्यान, अभ्यास और जागरूकता के माध्यम से हम अपनी FREQUENCY चुन सकते हैं –
और उसी FREQUENCY पर दुनिया को देख सकते हैं।

अनुभाग 2

आत्म-चेतना और मानसिक संरचना

SELF-AWARENESS PRINCIPLE

1. INTRODUCTION:

SELF-AWARENESS, या आत्म-जागरूकता, वह कुंजी है जो व्यक्ति को अपने भीतर झाँकने, अपने विचारों, भावनाओं और क्रियाओं को समझने की शक्ति देती है। यह आत्म-विकास की प्रथम सीढ़ी है।

2. BIRTH (उत्पत्ति)

SELF-AWARENESS की अवधारणा का जन्म हजारों वर्ष पहले हुआ था — जब प्राचीन ऋषि-मुनियों ने "कोहम्" (मैं कौन हूँ?) जैसे प्रश्नों से आत्म-खोज शुरू की। पश्चिमी दर्शन में सुकरात ने इसे "KNOW THYSELF" के रूप में प्रस्तुत किया।

3. STORY (कहानी)

एक बार एक राजा अपने राज्य में सबसे बुद्धिमान व्यक्ति को खोज रहा था। जब उसे एक साधु मिला जिसने बस एक ही बात कही — "राजन्, सबसे बड़ा साम्राज्य तुम्हारा 'भीतर' है, वहाँ शासन करो" — तभी राजा को आत्म-जागरूकता की शक्ति का बोध हुआ और उसका जीवन बदल गया।

4. SCIENCE (विज्ञान)

न्यूरोसाइंस के अनुसार, SELF-AWARENESS प्रीफ्रंटल कॉर्टेक्स से जुड़ी होती है — यह हमारे सोचने, निर्णय लेने और भावनाओं को पहचानने की क्षमता को नियंत्रित करती है। MRI स्कैन यह दिखाता है कि ध्यान (MINDFULNESS) से SELF-AWARENESS बढ़ती है।

5. PHILOSOPHY (दर्शन)

दार्शनिक दृष्टिकोण से, आत्म-जागरूकता ही वह आईना है जिससे आत्मा अपनी परछाई को देखती है। सुकरात, प्लेटो और बुद्ध ने इसे आत्म-मुक्ति और सत्य की ओर पहला कदम माना।

6. SPIRITUALITY (आध्यात्मिकता)

वेदांत कहता है — "आत्मानं विद्धि" — आत्मा को जानो। ध्यान, मौन और सत्संग आत्म-जागरूकता को जाग्रत करने के मार्ग हैं। आत्म-जागरूकता ब्रह्म से एकत्व की अनुभूति है।

7. MY PERSPECTIVE (मेरा दृष्टिकोण)

मेरे लिए SELF-AWARENESS आत्मा की आँखें खोलने जैसा है। यह हमें प्रतिक्रिया से प्रतिक्रिया के बीच रुकने, सोचने और सही निर्णय लेने की शक्ति देती है।

8. USEFULNESS (प्रयोजन/उपयोगिता)

- बेहतर निर्णय क्षमता
- संबंधों में पारदर्शिता
- भावनात्मक संतुलन
- नेतृत्व गुणों का विकास
- तनाव और चिंता में कमी

9. PRACTICE (अभ्यास)

- प्रतिदिन का आत्म-प्रश्न: "मैं कैसा अनुभव कर रहा हूँ और क्यों?"
- जर्नलिंग: भावनाओं और घटनाओं का लेखन
- ध्यान/माइंडफुलनेस मेडिटेशन
- फीडबैक लेना और विश्लेषण करना

10. REFLECTION (चिंतन)

जब हम स्वयं को जानने लगते हैं, तो हमें दूसरों को भी समझने की शक्ति मिलती है। हम अपने अनुभवों के प्रति सजग होकर, हर दिन को एक प्रयोगशाला बना सकते हैं।

11. MY QUOTE (मेरा उद्धरण): "जितना गहरा ज्ञान स्वयं का, उतनी ही ऊँची उड़ान जीवन की।" — डॉ. मुकेश अग्रवाल

12. CONCLUSION (निष्कर्ष): SELF-AWARENESS कोई लक्ष्य नहीं, एक यात्रा है। यह यात्रा हमें बाहरी दुनिया से भीतर की दुनिया तक ले जाती है — जहाँ शांति, संतुलन और सच्चा विकास संभव है। यही जीवन की असली क्रांति है।

SELF-TALK PRINCIPLE

1. INTRODUCTION (परिचय)

SELF-TALK वह आंतरिक संवाद है जो हम अपने मन में स्वयं से करते हैं। यह या तो हमारी शक्ति बन सकता है या कमजोरी। हमारी सोच, भावनाएं और कार्य, इस आत्म-संवाद से गहराई से प्रभावित होते हैं।

2. BIRTH (उत्पत्ति)

SELF-TALK का जन्म तब होता है जब एक बच्चा भाषा सीखना शुरू करता है और "मैं" के अस्तित्व को समझने लगता है। धीरे-धीरे यह संवाद आदत बन जाता है — सकारात्मक या नकारात्मक, जो हमारे पूरे व्यक्तित्व को ढालता है।

3. STORY (कहानी)

एक एथलीट हर बार प्रतियोगिता से पहले खुद से कहता, "तू हार जाएगा।" और वो हार जाता। एक दिन उसके कोच ने कहा, "अब सिर्फ एक बात बोल — 'तू कर सकता है!'" उसने कहा, और वही दिन उसके जीवन का मोड़ बन गया।

4. SCIENCE (विज्ञान)

मनोविज्ञान कहता है कि SELF-TALK हमारे ब्रेन के न्यूरल पैटर्न को प्रभावित करता है। पॉजिटिव सेल्फ-टॉक से डोपामिन और एंडोर्फिन जैसे हैप्पी हार्मोन सक्रिय होते हैं, जो प्रदर्शन, एकाग्रता और आत्मविश्वास बढ़ाते हैं।

5. PHILOSOPHY (दर्शन)

दार्शनिक दृष्टिकोण से, आत्म-संवाद आत्मा और मन के बीच का पुल है। प्लेटो ने कहा — "जो व्यक्ति स्वयं से बात नहीं करता, वह स्वयं को जान ही नहीं सकता।" हमारे विचार ही हमारे चरित्र को बनाते हैं।

6. SPIRITUALITY (आध्यात्मिकता): गीता में श्रीकृष्ण अर्जुन से कहते हैं —
"उद्धरेत् आत्मानं आत्मानं न अवसादयेत्" — अर्थात् स्वयं को स्वयं के द्वारा
ऊपर उठाओ। यह शुद्ध सेल्फ-टॉक का ही रूप है, जहाँ आत्मा स्वयं को
प्रेरित करती है।

6.   MY PERSPECTIVE (मेरा दृष्टिकोण)

मेरे लिए SELF-TALK, आत्मा की आवाज़ को सुनने और समझने की प्रक्रिया
है। यह वो आइना है जिसमें हम अपने विश्वास, भय, उद्देश्य और संघर्ष को
स्पष्ट देख सकते हैं — और उन्हें नए विचारों से बदल सकते हैं।

8. USEFULNESS (उपयोगिता)

- आत्मविश्वास में वृद्धि
- तनाव और चिंता में कमी
- लक्ष्य-साधना में मदद
- नकारात्मकता से मुक्ति
- प्रेरणा और मानसिक शक्ति का स्रोत

9. PRACTICE (अभ्यास)

- हर सुबह पॉजिटिव सेल्फ-टॉक से दिन की शुरुआत करें।
- नकारात्मक बातों को पहचानें और उन्हें पलटें।
- "मैं सक्षम हूँ", "मैं शांत हूँ", "मैं आगे बढ़ रहा हूँ" जैसे वाक्यों का
  अभ्यास करें।
- एक सेल्फ-टॉक जर्नल रखें।

10. REFLECTION (चिंतन)

जो बातें हम दूसरों से कहते हैं, वो केवल प्रतिक्रिया होती हैं। पर जो हम स्वयं
से कहते हैं — वही हमारी असली पहचान बनती है। हमारा भविष्य हमारे
आज के आत्म-संवाद पर निर्भर करता है।

11. MY QUOTE (मेरा उद्धरण)

"जैसे बीज बोओगे, वैसी फसल उगेगी — वैसे ही जैसे सोचोगे, वैसे ही
बनोगे।" — डॉ. मुकेश अग्रवाल

12. CONCLUSION (निष्कर्ष)

SELF-TALK कोई साधारण आदत नहीं, बल्कि जीवन की दिशा बदलने वाली शक्ति है। यदि हम इसे सजगता से उपयोग करें तो यह हमारे भीतर की सबसे बड़ी प्रेरणा बन सकती है। अपने भीतर की आवाज़ को दोस्त बनाइए — वह आपको वहाँ ले जाएगी जहाँ आप सचमुच जाना चाहते हैं।

JOHARI WINDOW MODEL

1. INTRODUCTION (परिचय)

JOHARI WINDOW एक मनोवैज्ञानिक मॉडल है जो हमें स्वयं को समझने और दूसरों से जुड़ने की प्रक्रिया में सहायता करता है। यह हमारे व्यक्तित्व के चार खिड़की-दृष्टिकोण प्रस्तुत करता है — जो हम जानते हैं, जो दूसरे जानते हैं, जो कोई नहीं जानता और जो हमें भी ज्ञात नहीं।

2. BIRTH (उत्पत्ति)

यह मॉडल 1955 में जोसेफ लुफ्ट (JOSEPH LUFT) और हैरिंगटन इनघम (HARRINGTON INGHAM) द्वारा विकसित किया गया था। "JOHARI" शब्द उनके नामों JO + HARI से मिलकर बना है। इस मॉडल का उद्देश्य था — INTERPERSONAL AWARENESS और GROUP COMMUNICATION को बेहतर बनाना।

3. STORY (कहानी)

एक टीम लीडर हमेशा खुद को अच्छा श्रोता समझता था, लेकिन टीम के अनुसार वो बातों को बीच में काटता था। JOHARI WINDOW वर्कशॉप में उसे यह "BLIND SPOT" पता चला। जब उसने उसे स्वीकारा और सुधारा, तब टीम का विश्वास और सहयोग दोगुना हो गया।

4. SCIENCE (विज्ञान)

यह मॉडल संज्ञानात्मक मनोविज्ञान (COGNITIVE PSYCHOLOGY) और व्यवहार विज्ञान (BEHAVIORAL SCIENCE) पर आधारित है। यह FEEDBACK MECHANISM, SELF-DISCLOSURE, और AWARENESS के वैज्ञानिक सिद्धांतों के साथ काम करता है, जिससे व्यक्ति का EQ (EMOTIONAL INTELLIGENCE) और IQ दोनों विकसित होते हैं।

5. PHILOSOPHY (दर्शन)

दार्शनिक दृष्टिकोण से JOHARI WINDOW हमें "KNOW THYSELF" के सिद्धांत की ओर ले जाता है। सुकरात ने कहा था — "स्वयं को जानो और तुम ब्रह्मांड को जान लोगे।" यह मॉडल व्यक्ति को आत्म-मंथन के लिए प्रेरित करता है।

6. SPIRITUALITY (आध्यात्मिकता)

आध्यात्मिकता में आत्मा की खोज, ध्यान और मौन से होती है। JOHARI WINDOW का "UNKNOWN AREA" वही छुपा हुआ सत्य है जो ध्यान, साधना और आत्म-चिंतन से प्रकट होता है। यह हमें आत्मा और परमात्मा के बीच का पुल दिखाता है।

7. MY PERSPECTIVE (मेरा दृष्टिकोण)

मेरे लिए JOHARI WINDOW एक आत्म-दर्पण है। यह न केवल हमें हमारे विचारों और भावनाओं से परिचित कराता है, बल्कि यह दूसरों की नजरों में हमारी छवि को भी साफ करता है। यह संवाद का मार्ग खोलता है — भीतर और बाहर दोनों।

8. USEFULNESS (उपयोगिता)

- बेहतर आत्म-ज्ञान और भावनात्मक बुद्धिमत्ता
- प्रभावी लीडरशिप और टीम-वर्क
- रिश्तों में पारदर्शिता और विश्वास
- आत्म-विकास और आत्म-स्वीकृति
- कोचिंग, काउंसलिंग और ट्रेनिंग में अत्यंत उपयोगी

9. PRACTICE (अभ्यास)

- नियमित FEEDBACK लेना
- SELF-DISCLOSURE यानी स्वयं से जुड़ी जानकारी साझा करना
- BLIND SPOTS को समझना और स्वीकारना
- MEDITATION और JOURNALING द्वारा "UNKNOWN SELF" को जानना
- समूह चर्चाओं में OPEN COMMUNICATION को बढ़ावा देना

10. REFLECTION (चिंतन)

हमारा व्यक्तित्व एक घर की तरह है — कुछ कमरे खुले होते हैं, कुछ बंद, कुछ अंधेरे और कुछ हमें ही पता नहीं। JOHARI WINDOW उन कमरों के दरवाज़े खोलने की कुंजी है। यह डर नहीं, बल्कि समझ का मार्ग है।

11. MY QUOTE (मेरा उद्धरण)

"स्वयं को जितना उजागर करोगे, उतनी दुनिया तुम्हें अपनाएगी — और जितना स्वीकार करोगे, उतनी दुनिया बदल जाएगी।" — डॉ. मुकेश अग्रवाल

12. CONCLUSION (निष्कर्ष): JOHARI WINDOW केवल एक मनोवैज्ञानिक मॉडल नहीं, एक जीवन दर्शन है — संवाद, समझ, आत्मज्ञान और संबंधों की गहराई को छूने वाला। यदि हम इसे अपने जीवन में लागू करें, तो हम न केवल बेहतर इंसान बन सकते हैं, बल्कि दूसरों के लिए भी एक प्रेरणा का स्रोत बन सकते हैं।

MIRROR NEURON EFFECT

1. INTRODUCTION (परिचय)

MIRROR NEURON EFFECT वह शक्ति है जिसके कारण हम दूसरों के भाव, कार्य और अनुभव को देखकर उन्हें अपने भीतर महसूस करते हैं। यह वही है जो हमें EMPATHY (सहानुभूति), LEARNING BY OBSERVATION, और EMOTIONAL CONNECTION देता है।

2. BIRTH (उत्पत्ति)

1990 के दशक में इटली की यूनिवर्सिटी ऑफ पर्मा के वैज्ञानिकों (RIZZOLATTI और उनकी टीम) ने बंदरों पर शोध करते हुए देखा कि जब एक बंदर किसी और को केला खाते देखता है, तो उसी ब्रेन क्षेत्र में सक्रियता होती है जो खुद केले खाने पर होती है। इस खोज ने "MIRROR NEURON" सिद्धांत को जन्म दिया।

3. STORY (कहानी)

एक बच्चा अपने पिता को नमाज पढ़ते हुए देखता है। वह स्वयं कुछ न जानते हुए भी हाथ उसी मुद्रा में उठाता है। वह यह नहीं जानता कि क्या हो रहा है, लेकिन उसके दिमाग में MIRROR NEURONS सक्रिय हो जाते हैं — और वह धीरे-धीरे उसी भाव में रम जाता है। सीख, बिना सिखाए।

4. SCIENCE (विज्ञान)

MIRROR NEURONS मस्तिष्क की PREMOTOR CORTEX और INFERIOR PARIETAL LOBULE में पाए जाते हैं। यह न केवल शारीरिक क्रिया की नकल करने में, बल्कि भावनाओं और इरादों को समझने में भी मदद करते हैं। ये न्यूरॉन्स हमारी SOCIAL LEARNING, LANGUAGE DEVELOPMENT, और EMPATHY CIRCUITS का आधार हैं।

5. PHILOSOPHY (दर्शन)

भारतीय दर्शन में कहा गया है — "यथा दृष्टि, तथा सृष्टि।" जैसा आप देखते हैं, वैसा ही आप सोचते और जीते हैं। मिरर न्यूरॉन सिद्धांत उसी को वैज्ञानिक रूप देता है — हम दूसरों की छवि को अपने मस्तिष्क में उतारते हैं और वही हमारी प्रतिक्रियाएं बनती हैं।

6. SPIRITUALITY (आध्यात्मिकता)

अध्यात्म कहता है – "तू ही मैं हूँ।" मिरर न्यूरॉन्स इस विचार को समर्थन देते हैं कि हम अलग नहीं हैं। जब कोई और पीड़ा में होता है, तो हमारी आत्मा भी कांप जाती है। सह-अस्तित्व, करुणा और आत्म-एकता की अनुभूति – यही आध्यात्मिकता है, और यही मिरर न्यूरॉन का आधार है।

7. MY PERSPECTIVE (मेरा दृष्टिकोण)

मेरे लिए MIRROR NEURON EFFECT केवल वैज्ञानिक खोज नहीं, बल्कि शिक्षा, संबंध और नेतृत्व का मूल मंत्र है। एक शिक्षक, एक डॉक्टर, एक माता-पिता – जब स्वयं को उच्च आचरण में रखते हैं, तो अगली पीढ़ी बिना बोले, बिना सिखाए उसी को आत्मसात करती है।

8. USEFULNESS (उपयोगिता)

- EMPATHY और COMPASSION विकसित करना
- बच्चों में नैतिक शिक्षा देना
- लीडरशिप और टीम बिल्डिंग में उपयोगी
- सामाजिक संबंध सुधारना
- मानसिक रोगों जैसे ऑटिज़्म में उपचार के लिए प्रयोग

9. PRACTICE (अभ्यास)

- सकारात्मक ROLE MODELS को OBSERVE करें
- अपने हाव-भाव, शब्दों और कार्यों को सजग बनाएं
- रोज़ाना MINDFUL OBSERVATION का अभ्यास करें
- दूसरों की भावनाओं को ध्यान से महसूस करें
- SELF-REFLECTION JOURNALING द्वारा अपने REACTIONS को ट्रैक करें

10. REFLECTION (चिंतन)

दूसरे केवल देखने के लिए नहीं हैं – वे हमारी आंतरिक प्रतिक्रिया का दर्पण हैं। जब हम दूसरों में करुणा, प्रेम, या पीड़ा देखते हैं, तो हम उन्हें अनुभव करते हैं, क्योंकि मस्तिष्क का वह हिस्सा सक्रिय हो जाता है जो हमें जोड़ता है – बिना शब्दों के, बिना सीमाओं के।

11. MY QUOTE (मेरा उद्धरण)

"हर चेहरा तुम्हारा दर्पण है — जो तुम देख रहे हो, वो तुममें जाग रहा है।"
— डॉ. मुकेश अग्रवाल

12. CONCLUSION (निष्कर्ष)

MIRROR NEURON EFFECT केवल विज्ञान नहीं, वह जीवन का सत्य है — यह हमें सिखाता है कि हम केवल अपने लिए नहीं, दूसरों के लिए भी जिम्मेदार हैं। हमारा प्रत्येक भाव, शब्द और क्रिया अगल-बगल बैठे किसी के मस्तिष्क में गूंज रही है। यदि हम खुद को निखारें, तो समाज भी निखरेगा।

COGNITIVE DISSONANCE

1. INTRODUCTION (परिचय)

COGNITIVE DISSONANCE एक मानसिक स्थिति है जिसमें व्यक्ति दो परस्पर विरोधी विचारों, मान्यताओं या व्यवहारों के बीच मानसिक तनाव महसूस करता है। यह आंतरिक असहजता हमें या तो अपने विचार बदलने या अपने व्यवहार को तर्कसंगत बनाने की ओर प्रेरित करती है।

2. BIRTH (उत्पत्ति)

1957 में अमेरिकी मनोवैज्ञानिक LEON FESTINGER ने इस सिद्धांत को प्रस्तुत किया। उनका शोध यह बताता है कि जब लोग दो विरोधाभासी विचारों को एक साथ रखते हैं, तो वे मानसिक असंतुलन (DISSONANCE) अनुभव करते हैं, जिसे दूर करने के लिए वे अपने दृष्टिकोण, व्यवहार या स्मृति में परिवर्तन करते हैं।

3. STORY (कहानी)

एक धूम्रपान करने वाला व्यक्ति जानता है कि सिगरेट स्वास्थ्य के लिए हानिकारक है, फिर भी वह पीता है। वह सोचता है, "मेरे दादाजी भी सिगरेट पीते थे और 90 साल जिए।" यह तर्क उसे COGNITIVE DISSONANCE से बचाता है — विचार और व्यवहार के बीच के तनाव को कम करने के लिए वह यथार्थ को मोड़ देता है।

4. SCIENCE (विज्ञान)

न्यूरोसाइंस के अनुसार, DISSONANCE की स्थिति में मस्तिष्क का ANTERIOR CINGULATE CORTEX और PREFRONTAL CORTEX सक्रिय हो जाता है, जो निर्णय और संघर्ष समाधान से जुड़े हैं। यह स्थिति व्यक्ति को तर्क देने, खुद को सही ठहराने या विचार बदलने के लिए प्रेरित करती है।

5. PHILOSOPHY (दर्शन)

दार्शनिक दृष्टिकोण से यह मनुष्य की मूलभूत द्वंद्वात्मक प्रकृति को दर्शाता है। गीता में अर्जुन का संघर्ष भी एक प्रकार का COGNITIVE DISSONANCE है — कर्तव्य और संबंधों के बीच टकराव। दर्शन इसे आत्म-ज्ञान की राह मानता है।

6. SPIRITUALITY (आध्यात्मिकता)

अध्यात्मिक दृष्टिकोण से COGNITIVE DISSONANCE अहं और आत्मा के बीच का संघर्ष है। जब बाहरी जीवन मूल्यों से टकराता है, तब भीतर का सत्य आवाज उठाता है। ध्यान, आत्म-स्वीकृति और सत्य की खोज इस असंतुलन को संतुलन में बदल सकती है।

7. MY PERSPECTIVE (मेरा दृष्टिकोण)

मेरे लिए COGNITIVE DISSONANCE आत्म-विकास का संकेतक है। यह तब होता है जब हम पुराने ढांचे को तोड़ने की कगार पर होते हैं। यदि हम सजग हैं, तो यह हमारे लिए परिवर्तन और जागरूकता का प्रवेश द्वार बन सकता है।

8. USEFULNESS (उपयोगिता)

- आत्म-विश्लेषण और व्यवहार सुधार में सहायक
- शिक्षा और काउंसलिंग में उपयोगी
- मार्केटिंग और ब्रांडिंग में निर्णय निर्माण को प्रभावित करता है
- सामाजिक परिवर्तन और नैतिक मूल्य निर्माण में सहायक
- LEADERSHIP में ईमानदार आत्म-मूल्यांकन को प्रेरित करता है

9. PRACTICE (अभ्यास)

- JOURNALING: अपने विरोधाभासी विचारों को लिखें
- MINDFULNESS: सजग होकर अंदर उठ रही बेचैनी को पहचानें
- PERSPECTIVE SHIFT: स्वयं से ईमानदार संवाद करें
- VALUES CLARIFICATION EXERCISES करें
- UNCOMFORTABLE CONVERSATIONS से भागें नहीं — उन्हें EMBRACE करें

10. REFLECTION (चिंतन)

कभी-कभी भीतर की बेचैनी एक संकेत होती है — कि हम सच से दूर जा रहे हैं। COGNITIVE DISSONANCE हमें उस असंतुलन का एहसास कराता है जो बदलाव का बीज बन सकता है। यह पीड़ा नहीं, बल्कि आत्म-प्रबोधन की प्रक्रिया है।

11. MY QUOTE (मेरा उद्धरण)

"भीतर की बेचैनी बताती है कि तुम बदलने के लिए तैयार हो — बस सच को स्वीकारने का साहस चाहिए।"   — डॉ. मुकेश अग्रवाल

12. CONCLUSION (निष्कर्ष)

COGNITIVE DISSONANCE कोई कमजोरी नहीं, बल्कि सजग आत्मा का जागरण है। यह हमें झूठे विश्वासों की दीवारों को गिराने और भीतर के सत्य से जुड़ने का अवसर देता है। जब विचार, भावना और कर्म एक हो जाएं — वही सच्चा संतुलन है।

GROWTH VS FIXED MINDSET

1. INTRODUCTION (परिचय)

MINDSET यानी मन की दिशा। यह हमारी सीखने, संघर्ष करने और सफलता को देखने के नजरिए को तय करता है। GROWTH MINDSET मानता है कि क्षमताएं अभ्यास से बढ़ सकती हैं, जबकि FIXED MINDSET मानता है कि योग्यता जन्मजात होती है और बदली नहीं जा सकती। यही सोच भविष्य की नींव रखती है।

2. BIRTH (उत्पत्ति)

इस सिद्धांत को प्रसिद्ध मनोवैज्ञानिक DR. CAROL DWECK ने 2006 में अपनी किताब "MINDSET: THE NEW PSYCHOLOGY OF SUCCESS" में प्रस्तुत किया। उनके शोध में पाया गया कि छात्रों की सफलता केवल उनकी बुद्धि पर नहीं, बल्कि इस बात पर निर्भर करती है कि वे कठिनाइयों को कैसे देखते हैं।

3. STORY (कहानी)

एक स्कूल में दो छात्र थे — अजय और विजय। गणित में दोनों कमजोर थे। अजय ने कहा, "मैं तो कभी अच्छा नहीं हो सकता," जबकि विजय ने कहा, "शायद अभी नहीं आता, पर सीख सकता हूँ।" एक साल बाद विजय क्लास का टॉपर बना। फर्क सिर्फ सोच का था — GROWTH VS FIXED MINDSET।

4. SCIENCE (विज्ञान)

न्यूरोसाइंस कहता है कि हमारा मस्तिष्क NEUROPLASTIC होता है — अर्थात्, अनुभव और अभ्यास से उसका आकार और कार्य दोनों बदल सकते हैं। GROWTH MINDSET वाले लोग जब चुनौतियों का सामना करते हैं, तब उनका मस्तिष्क नई कनेक्शन बनाता है और वे आगे बढ़ते हैं।

5. PHILOSOPHY (दर्शन)

भारतीय दर्शन कहता है — "अभ्यासेन तु कौन्तेय वैराग्येण च गृह्यते।" यानी अभ्यास से सब कुछ संभव है। FIXED MINDSET "मैं ऐसा ही हूँ" कहता है,

जबकि GROWTH MINDSET "मैं बदल सकता हूँ" को जीता है। स्व विकास ही सच्चा धर्म है।

6. SPIRITUALITY (आध्यात्मिकता)

अध्यात्म कहता है — "तुम वह नहीं हो जो आज हो, तुम वह हो जो बन सकते हो।" आत्मा की प्रकृति विकासशील है। FIXED MINDSET आत्मा की सीमाओं को भूल जाना है, और GROWTH MINDSET आत्मा की अनंत संभावनाओं को पहचानना है।

7. MY PERSPECTIVE (मेरा दृष्टिकोण)

मेरे अनुभव में GROWTH MINDSET वही जादुई चाबी है जो आत्म-निर्भरता, लीडरशिप, और नवाचार के ताले खोलती है। जब कोई कहता है, "मैं अभी नहीं जानता, पर सीख जाऊँगा," तो वह अपने भविष्य को पुनः लिखने की शक्ति पा जाता है।

8. USEFULNESS (उपयोगिता)

- शिक्षा और छात्रों के आत्मविश्वास में बढ़ोतरी
- नेतृत्व व प्रबंधन कौशल में सुधार
- व्यक्तिगत विकास और करियर में सफलता
- मानसिक स्वास्थ्य और लचीलापन बढ़ाने में सहायक
- टीम और संगठन में नवाचार की संस्कृति स्थापित करना

9. PRACTICE (अभ्यास)

- "अभी नहीं" को अपनाएं ("NOT YET" APPROACH)
- हर असफलता से सीख निकालें
- सकारात्मक आत्म-वार्ता (POSITIVE SELF-TALK) करें
- प्रगति को मापें, तुलना नहीं
- "मैं सीख सकता हूँ" जैसे वाक्य बोलने की आदत डालें

10. REFLECTION (चिंतन)

हमारे सोचने का तरीका ही हमारे जीवन का ढांचा तय करता है। जब हम यह मान लेते हैं कि हम बदल सकते हैं, सीख सकते हैं, और आगे बढ़ सकते

हैं — तभी जीवन में नए द्वार खुलते हैं। GROWTH MINDSET आत्म-प्रकाश की पहली सीढ़ी है।

11. MY QUOTE (मेरा उद्धरण)

"मन अगर जड़ हो तो जीवन ठहर जाता है, पर मन अगर बढ़े तो जीवन खिल उठता है।" — डॉ. मुकेश अग्रवाल

12. CONCLUSION (निष्कर्ष)

GROWTH VS FIXED MINDSET कोई साधारण मनोवैज्ञानिक अवधारणा नहीं, यह जीवन जीने का तरीका है। जो व्यक्ति GROWTH MINDSET अपनाता है, वह हर चुनौती में अवसर देखता है, हर असफलता में शिक्षा, और हर दिन को नए निर्माण की शुरुआत।

IMPOSTOR SYNDROME

1. INTRODUCTION (परिचय)

IMPOSTOR SYNDROME एक मानसिक स्थिति है जिसमें व्यक्ति अपनी उपलब्धियों को स्वीकार नहीं कर पाता और यह महसूस करता है कि वह एक "धोखेबाज़" है, जो जल्द ही सबके सामने आ जाएगा। चाहे कितनी भी सफलता मिल जाए, मन में यह भय बना रहता है — "मैं इसके काबिल नहीं हूँ।"

2. BIRTH (उत्पत्ति)

इस शब्द की उत्पत्ति 1978 में DR. PAULINE CLANCE और DR. SUZANNE IMES द्वारा हुई थी। उनके शोध में पाया गया कि विशेष रूप से सफल महिलाएं अपनी सफलता को भाग्य या बाहरी कारणों का परिणाम मानती थीं, न कि अपनी प्रतिभा या परिश्रम का।

3. STORY (कहानी)

रीना, एक आईआईटी टॉपर और गूगल में काम करने वाली इंजीनियर, हर बार नई जिम्मेदारी मिलने पर सोचती, "कहीं लोग मुझे नकली न समझ लें।" उसके अंदर का डर कहता, "मैं बस किस्मत से यहाँ तक आई हूँ।" बाहरी सफलता और अंदर की असुरक्षा का यह टकराव ही IMPOSTOR SYNDROME है।

4. SCIENCE (विज्ञान)

मनोविज्ञान के अनुसार, यह सिंड्रोम LOW SELF-WORTH, PERFECTIONISM और SOCIAL COMPARISON से जुड़ा होता है। मस्तिष्क का AMYGDALA हर नई उपलब्धि को खतरे के रूप में देखता है, जिससे आत्म-संदेह और डर पैदा होता है। इसका संबंध ANXIETY और DEPRESSION से भी देखा गया है।

5. PHILOSOPHY (दर्शन)

दार्शनिक दृष्टिकोण से यह आत्मा और अहंकार के बीच का संघर्ष है। अहंकार हमें लगातार दूसरों से तुलना करवाता है, जबकि आत्मा जानती है कि हर आत्मा पूर्ण है। IMPOSTOR SYNDROME तब जन्म लेता है जब हम "मैं कौन हूँ" इस सवाल का उत्तर बाहर ढूंढते हैं।

6. SPIRITUALITY (आध्यात्मिकता)

आध्यात्म कहता है कि आत्मा की पहचान बाहरी उपलब्धियों से नहीं, भीतर की शांति और स्वीकृति से होती है। जब हम अपने अस्तित्व को ईश्वर का अंश मानते हैं, तो कोई भी भूमिका बड़ी या नकली नहीं लगती। आत्म-साक्षात्कार ही इसका स्थायी समाधान है।

7. MY PERSPECTIVE (मेरा दृष्टिकोण)

मेरे अनुसार IMPOSTOR SYNDROME उस क्षण आता है जब बाहरी पहचान अंदर के विश्वास को चुनौती देती है। यह संकेत है कि हमें अब भीतर की पुष्टि चाहिए, न कि केवल बाहरी प्रशंसा। जब तक हम स्वयं को स्वीकार नहीं करते, तब तक कोई पहचान स्थायी नहीं।

8. USEFULNESS (उपयोगिता)

- यह असहजता आत्म-विश्लेषण को जन्म देती है
- व्यक्ति को विनम्र और सीखने के लिए तत्पर बनाए रखती है
- नेतृत्व में सहानुभूति और समझदारी लाती है
- मानसिक स्वास्थ्य जागरूकता को बढ़ावा देती है
- आत्म-जागरूकता का द्वार खोलती है

9. PRACTICE (अभ्यास)

- उपलब्धियों की लिस्ट बनाएं और उन्हें स्वीकार करें
- "FAKE IT TILL YOU MAKE IT" को "FACE IT TILL YOU EMBRACE IT" में बदलें
- सकारात्मक आत्म-वार्ता का अभ्यास करें
- MENTORS से खुलकर बातचीत करें
- दूसरों से तुलना करने के बजाय अपनी यात्रा पर ध्यान दें

10. REFLECTION (चिंतन)

IMPOSTOR SYNDROME हमें बताता है कि हमने कुछ बड़ा हासिल किया है, लेकिन मन अभी भी पुराने डर में जी रहा है। यह आत्मा की पुकार है — "अब मुझे पहचानो, अब खुद से दोस्ती करो।" जब तक हम खुद को न अपनाएँ, तब तक कोई भूमिका संतोष नहीं देगी।

11. MY QUOTE (मेरा उद्धरण)

"जो खुद को अपनाता है, वही सच्चा साबित होता है — बाकी तो सिर्फ भूमिका निभा रहे हैं।" — डॉ. मुकेश अग्रवाल

12. CONCLUSION (निष्कर्ष)

IMPOSTOR SYNDROME कोई रोग नहीं, यह आत्मा का संदेश है — "तुम जैसे हो, वैसे ही पर्याप्त हो।" यह हमें भीतर झाँकने, खुद से जुड़ने और सच्चे आत्म-मूल्य को जानने का अवसर देता है। और जब हम स्वयं को स्वीकार लेते हैं, तब दुनिया भी हमें स्वीकार करती है।

CONFIRMATION BIAS

1. INTRODUCTION (परिचय)

CONFIRMATION BIAS वह मानसिक प्रवृत्ति है जिसमें हम केवल उन्हीं तथ्यों को स्वीकार करते हैं जो हमारी पहले से बनी राय या विश्वास की पुष्टि करते हैं, और बाकी को अनदेखा कर देते हैं। यह सोच की एक एकतरफा खिड़की है जो निर्णयों, रिश्तों, राजनीति और विज्ञान तक को प्रभावित करती है।

2. BIRTH (उत्पत्ति)

इस शब्द को 1960 के दशक में PETER WASON नामक मनोवैज्ञानिक ने प्रयोगों के ज़रिये स्थापित किया। उन्होंने पाया कि लोग किसी समस्या को हल करते समय उन तथ्यों को ज्यादा तवज्जो देते हैं जो उनके मौजूदा विचारों के अनुकूल होते हैं, और बाकी तथ्यों को या तो नज़रअंदाज़ करते हैं या खारिज कर देते हैं।

3. STORY (कहानी)

राहुल को लगता था कि शहर में कोई भी नेता ईमानदार नहीं है। जब एक ईमानदार नेता आया, तो उसने सोशल मीडिया पर केवल उसकी एक पुरानी गलती वाली खबर को बार-बार शेयर किया। RAHUL की आंखें सच्चाई नहीं देख रही थीं, बल्कि वह देख रही थीं जो पहले से मन ने मान लिया था — यही CONFIRMATION BIAS है।

4. SCIENCE (विज्ञान)

मस्तिष्क जानकारी के भार को कम करने के लिए शॉर्टकट अपनाता है जिन्हें COGNITIVE HEURISTICS कहते हैं। CONFIRMATION BIAS उसी का हिस्सा है। हमारा PREFRONTAL CORTEX और AMYGDALA मिलकर उन सूचनाओं को तवज्जो देते हैं जो हमें सुरक्षित या सही महसूस कराएं — चाहे वे वस्तुनिष्ठ रूप से सही हों या नहीं।

5. PHILOSOPHY (दर्शन)

दार्शनिक कहते हैं, "मन देखता है वही, जो वह देखना चाहता है।" उपनिषदों में कहा गया है — "यथा दृष्टि तथा सृष्टि।" यदि हमारी दृष्टि सीमित हो, तो दुनिया भी सीमित दिखेगी। CONFIRMATION BIAS हमारे अंतर्ज्ञान को बंद कर देता है और विचारों को जड़ बना देता है।

6. SPIRITUALITY (आध्यात्मिकता)

आध्यात्मिक दृष्टिकोण से CONFIRMATION BIAS अहंकार की पुष्टि की भूख है। आत्मा खुली और जिज्ञासु होती है, लेकिन अहंकार चाहता है कि वह हमेशा सही साबित हो। ध्यान और आत्म-निरीक्षण से हम इस पूर्वग्रह को पहचान सकते हैं और उसे पार कर सकते हैं।

7. MY PERSPECTIVE (मेरा दृष्टिकोण)

मेरे अनुभव में CONFIRMATION BIAS सबसे बड़ा ज्ञान-विरोधी तत्व है। यह व्यक्ति को बंद मानसिकता में डाल देता है, जिससे सीखना, बदलना, और आगे बढ़ना मुश्किल हो जाता है। यह रिश्तों में भ्रम, संगठनों में पक्षपात और समाज में विभाजन को जन्म देता है।

8. USEFULNESS (उपयोगिता)

- इसके ज्ञान से हम अधिक OBJECTIVITY और विवेकपूर्ण निर्णय ले सकते हैं
- शिक्षकों, लीडर्स, और चिकित्सकों को पूर्वग्रह से बचने में सहायता
- वैज्ञानिक शोध में निष्पक्षता लाने में सहायक
- व्यक्तिगत विकास और मानसिक संतुलन के लिए आवश्यक
- समाज में सांस्कृतिक सहिष्णुता को बढ़ावा देता है

9. PRACTICE (अभ्यास)

- अपने विश्वासों को चुनौती देने की आदत डालें
- विरोधी दृष्टिकोणों को जानें और सुनें
- निर्णय लेने से पहले DEVIL'S ADVOCATE दृष्टिकोण अपनाएं
- डायरी में "मैं गलत हो सकता हूँ" वाले अनुभव लिखें
- ध्यान और आत्मचिंतन से अपनी सोच को जांचें

10. REFLECTION (चिंतन)

CONFIRMATION BIAS हमें अपनी ही सोच की जेल में कैद कर देता है। इससे मुक्त होना आत्म-विकास की पहली शर्त है। जब हम अपने विश्वासों को सवालों की कसौटी पर कसते हैं, तभी हम सच्चे ज्ञान और सच्ची विनम्रता को पा सकते हैं।

11. MY QUOTE (मेरा उद्धरण)

"अगर तुम केवल वही सुनते हो जो तुम्हें अच्छा लगे, तो तुम कभी वह नहीं सुन पाओगे जो तुम्हें बदल सकता है।" — डॉ. मुकेश अग्रवाल

12. CONCLUSION (निष्कर्ष)

CONFIRMATION BIAS हर मानव मस्तिष्क की एक प्राकृतिक प्रवृत्ति है, लेकिन इसे पहचानकर पार किया जा सकता है। यह केवल ज्ञान की दिशा नहीं, बल्कि समाज और आत्मा के विकास की दिशा भी तय करता है। सच्चा जिज्ञासु वह है जो अपने विश्वासों पर भी सवाल उठाता है।

LOCUS OF CONTROL

1. INTRODUCTION (परिचय)

LOCUS OF CONTROL वह मानसिकता है जो यह निर्धारित करती है कि हम अपनी जिंदगी में होने वाली घटनाओं के लिए जिम्मेदार कौन हैं। इसमें दो प्रकार होते हैं:

INTERNAL LOCUS OF CONTROL: जहाँ व्यक्ति मानता है कि सफलता या असफलता उसकी अपनी मेहनत, निर्णय और कृत्य पर निर्भर है।

EXTERNAL LOCUS OF CONTROL: जहाँ व्यक्ति मानता है कि उसके जीवन की घटनाएँ बाहरी कारकों जैसे किस्मत, दूसरों का व्यवहार, या परिस्थितियाँ तय करती हैं।

2. BIRTH (उत्पत्ति)

इस सिद्धांत को 1954 में मनोवैज्ञानिक JULIAN ROTTER ने प्रस्तुत किया। उनका कहना था कि हर व्यक्ति का मानवीय व्यवहार बाहरी या आंतरिक कारकों द्वारा प्रभावित होता है, और यह उसका LOCUS है, जो निर्धारित करता है कि वह अपनी ज़िंदगी में किस हद तक नियंत्रण रखता है।

3. STORY (कहानी)

रितिका और शालिनी दोनों में एक समान लक्ष्य था — एक कठिन परीक्षा पास करना। रितिका ने खुद को कड़ी मेहनत और योजना में समर्पित किया, जबकि शालिनी का मानना था कि सफलता पूरी तरह से भाग्य पर निर्भर है। परीक्षा परिणाम के बाद रितिका ने अपनी सफलता का श्रेय अपनी मेहनत को दिया, जबकि शालिनी ने इसे भाग्य का परिणाम माना। यही अंतर था उनके LOCUS OF CONTROL का।

4. SCIENCE (विज्ञान)

साइकोलॉजिकल रिसर्च बताती है कि जिनका INTERNAL LOCUS OF CONTROL होता है, वे अधिक आत्म-निर्भर होते हैं और उनके मानसिक स्वास्थ्य, आत्म-सम्मान और जीवन में संतुलन की संभावना अधिक होती है। इसके विपरीत, जिनका EXTERNAL LOCUS OF CONTROL होता है, वे

तनाव, चिंता और अवसाद का अधिक अनुभव करते हैं क्योंकि वे अपने जीवन की घटनाओं को अपने नियंत्रण से बाहर मानते हैं।

5. PHILOSOPHY (दर्शन)

दार्शनिक दृष्टिकोण से LOCUS OF CONTROL आत्म-निर्णय और स्वतंत्रता का सवाल है। प्लेटो और अरस्तू ने माना था कि आत्म-संयम और तर्कशीलता के द्वारा हम अपनी नियति को नियंत्रित कर सकते हैं। इसके विपरीत, भाग्यवाद का दर्शन बाहरी ताकतों को नियंत्तक मानता है। यह सिद्धांत जीवन की कर्तव्य और किस्मत के बीच संतुलन तलाशने का प्रयास करता है।

6. SPIRITUALITY (आध्यात्मिकता)

आध्यात्मिकता में LOCUS OF CONTROL आत्म-निर्भरता और ईश्वर के साथ एकता का प्रतिनिधित्व करता है। योग और ध्यान में यह सिखाया जाता है कि बाहरी घटनाएँ हमें प्रभावित कर सकती हैं, लेकिन हमारे भीतर की शक्ति और निर्णय पर हमारा पूर्ण नियंत्रण है। आत्म-साक्षात्कार के द्वारा हम समझ सकते हैं कि जीवन में सबसे बड़ी स्वतंत्रता हमारे विचारों और क्रियाओं में निहित है।

7. MY PERSPECTIVE (मेरा दृष्टिकोण)

मेरे अनुसार, INTERNAL LOCUS OF CONTROL एक शक्तिशाली मानसिकता है, जो व्यक्ति को जिम्मेदार और स्वतंत्र बनाता है। यह हमें यह समझने की क्षमता देता है कि हम अपनी परिस्थितियों का निर्माण खुद कर सकते हैं। EXTERNAL LOCUS OF CONTROL हमें निष्क्रिय और पीड़ित बना सकता है, जबकि खुद को जिम्मेदार ठहराना हमें मानसिक संतुलन और खुशहाली की ओर ले जाता है।

8. USEFULNESS (उपयोगिता)

- INTERNAL LOCUS OF CONTROL मानसिक दृढ़ता और आत्मविश्वास को बढ़ाता है
- इससे PROBLEM-SOLVING SKILLS में सुधार होता है
- EXTERNAL LOCUS OF CONTROL से बाहर आकर हम अधिक प्रेरित और रचनात्मक होते हैं

- यह STRESS और ANXIETY को कम करता है
- पेशेवर और व्यक्तिगत जीवन में सफलता की संभावना बढ़ाता है

9. PRACTICE (अभ्यास)
- अपने विचारों और क्रियाओं को जिम्मेदार मानने की आदत डालें
- विफलताओं को सीख और विकास का अवसर मानें
- हर निर्णय और क्रिया के परिणाम को समझने की कोशिश करें
- आत्म-प्रतिबद्धता और सकारात्मक आत्म-वार्ता का अभ्यास करें
- बाहरी कारकों को ACCEPT करें, लेकिन अपने फैसले पर नियंत्रण बनाए रखें

10. REFLECTION (चिंतन)
LOCUS OF CONTROL हमें यह सवाल पूछने की प्रेरणा देता है, "क्या मैं अपनी परिस्थिति में नियंत्रण रख सकता हूँ?" जब हम स्वीकार करते हैं कि हम अपनी ज़िंदगी के निर्माता हैं, तो हम न केवल बाहरी परिस्थितियों को बदल सकते हैं, बल्कि भीतर की ताकतों को भी पहचान सकते हैं। यह मानसिकता हमारी स्मार्ट च्वाइस बनाने की शक्ति देती है।

11. MY QUOTE (मेरा उद्धरण)
"किस्मत नहीं, तुम्हारे निर्णय ही तुम्हारे जीवन की दिशा तय करते हैं।" — डॉ. मुकेश अग्रवाल

12. CONCLUSION (निष्कर्ष)
LOCUS OF CONTROL एक मानसिकता है, जो तय करती है कि हम अपनी परिस्थितियों से किस तरह का रिश्ता रखते हैं। एक INTERNAL LOCUS हमें जिम्मेदारी और आत्मनिर्भरता की शक्ति देता है, जबकि EXTERNAL LOCUS हमें बाहरी कारकों के हाथों में डाल देता है। जब हम अपने जीवन के नियंत्रक बनते हैं, तो हम वास्तविक संतुष्टि और सफलता प्राप्त कर सकते हैं।

EMOTIONAL CONTAGION

1. INTRODUCTION (परिचय)

EMOTIONAL CONTAGION का अर्थ है — एक व्यक्ति की भावनाओं का दूसरों पर इस प्रकार असर डालना कि वे भी वैसी ही भावना महसूस करने लगें। चाहे वह मुस्कान हो या उदासी, डर हो या उत्साह — भावनाएँ एक व्यक्ति से दूसरे व्यक्ति तक "संक्रमित" हो सकती हैं। यह सिद्धांत बताता है कि हमारे आसपास के लोग हमारे मूड, सोच और व्यवहार को कितनी गहराई से प्रभावित कर सकते हैं।

2. BIRTH (उत्पत्ति)

इस सिद्धांत की जड़ें 19वीं शताब्दी के अंत और 20वीं शताब्दी की शुरुआत में THEODOR LIPPS और बाद में ELAINE HATFIELD के कार्यों में मिलती हैं। HATFIELD और उनके सहकर्मियों ने 1994 में इस शब्द को गहराई से परिभाषित किया और बताया कि कैसे लोग अनजाने में दूसरों की भावनाओं की नकल (MIMIC) करते हैं और धीरे-धीरे वही महसूस करने लगते हैं।

3. STORY (कहानी)

एक दफ़्तर में एक व्यक्ति हमेशा नकारात्मकता फैलाता था–उसके आने से पहले वातावरण हल्का-फुल्का रहता था, लेकिन उसके आने के बाद सभी का मूड गंभीर हो जाता। फिर एक दिन उसकी छुट्टी हो गई, और ऑफिस में एक नई महिला आई जो हर समय मुस्कुराती थी। धीरे-धीरे पूरी टीम में उत्साह और ऊर्जा आ गई। यह EMOTIONAL CONTAGION का क्लासिक उदाहरण है।

4. SCIENCE (विज्ञान)

इसका न्यूरो-बायोलॉजिकल आधार होता है — जब हम किसी की मुस्कान, आंसू या भय को देखते हैं, हमारे दिमाग के MIRROR NEURONS सक्रिय हो जाते हैं। ये न्यूरॉन्स हमें वह अनुभूति करवाते हैं जो सामने वाला अनुभव कर रहा है। यही कारण है कि जब कोई हँसता है तो हमें भी हँसी आती है, या जब कोई रोता है तो हमारी आंखें भी नम हो जाती हैं।

5. PHILOSOPHY (दर्शन)

दार्शनिक दृष्टिकोण से देखा जाए तो यह सिद्धांत सम्वेदना (EMPATHY) और सामूहिक चेतना (COLLECTIVE CONSCIOUSNESS) का प्रतीक है। बौद्ध दर्शन कहता है कि "तुम जो सोचते और महसूस करते हो, वह पूरे जगत को प्रभावित करता है।" यह सिद्धांत बताता है कि हम सिर्फ विचारों से ही नहीं, बल्कि भावनाओं से भी जुड़े होते हैं।

6. SPIRITUALITY (आध्यात्मिकता)

आध्यात्मिक रूप से यह माना गया है कि भावनाएँ ऊर्जा हैं, और हर व्यक्ति अपनी ऊर्जा दूसरों में स्थानांतरित कर सकता है। संत और गुरुओं के पास बैठते ही जो शांति मिलती है, वह उनकी भावनात्मक ऊर्जा का ही प्रभाव है। संगत का असर इसी सिद्धांत का आध्यात्मिक संस्करण है– "जैसी संगति, वैसी रंगति।"

7. MY PERSPECTIVE (मेरा दृष्टिकोण)

मेरे अनुभव में, हम चाहे मंच पर बोल रहे हों, डॉक्टर की तरह रोगियों से मिल रहे हों, या परिवार के बीच हों–हमारी भावनाएँ अनजाने में दूसरों को प्रभावित करती हैं। इसलिए हमें अपनी ऊर्जा, भावनात्मक स्थिरता और चेहरे के भावों पर सचेत रहना चाहिए। एक मुस्कान, एक सहानुभूति भरी दृष्टि, या उत्साह से भरी आवाज़ पूरे वातावरण को बदल सकती है।

8. USEFULNESS (उपयोगिता)
- टीम वर्क में सकारात्मक भावना फैलाने में मदद
- स्कूलों व परिवारों में बच्चों पर भावनात्मक असर कम या ज्यादा हो सकता है
- डॉक्टर, शिक्षक, लीडर–इनकी ऊर्जा से पूरे समूह का प्रदर्शन प्रभावित होता है
- मानसिक स्वास्थ्य में सुधार के लिए सकारात्मक भावनात्मक वातावरण बहुत जरूरी होता है

9. PRACTICE (अभ्यास)

- SELF-AWARENESS बढ़ाएँ–आप क्या महसूस कर रहे हैं, इसे पहचानें
- सकारात्मक सोच और भावों को विकसित करें
- सकारात्मक लोगों के साथ समय बिताएँ
- ध्यान और प्राणायाम से भावनात्मक संतुलन बनाए रखें
- दूसरों के प्रति सहानुभूति और संवेदनशीलता का अभ्यास करें

10. REFLECTION (चिंतन)

जब हम समझते हैं कि हमारी भावनाएँ दूसरों को भी प्रभावित करती हैं, तो हम अधिक जिम्मेदार बन जाते हैं। यह सिद्धांत हमें आत्म-मंथन करने को प्रेरित करता है–क्या हम सकारात्मक ऊर्जा फैला रहे हैं या नकारात्मकता? क्या हम दूसरों के जीवन को बेहतर बना रहे हैं या और जटिल?

11. MY QUOTE (मेरा उद्धरण)

"भावनाएँ बोलती नहीं, लेकिन हर दिल को छू जाती हैं — और कभी-कभी बदल भी देती हैं।" — डॉ. मुकेश अग्रवाल

12. CONCLUSION (निष्कर्ष)

EMOTIONAL CONTAGION सिर्फ एक सिद्धांत नहीं, बल्कि जीवन जीने की कला है। हम सब एक-दूसरे से भावनात्मक रूप से जुड़े हैं। हमारे भाव, शब्द और दृष्टिकोण, चाहे हम चाहें या न चाहें, दूसरों पर असर डालते हैं। जब हम इस शक्ति को पहचानते हैं और इसका सदुपयोग करते हैं, तो हम न केवल खुद को, बल्कि पूरे समाज को बेहतर बना सकते हैं।

अनुभाग 3

समय और आदत के सूत्र

PARKINSON'S LAW

1. INTRODUCTION (परिचय)

क्या आपने कभी महसूस किया है कि अगर किसी काम को पूरा करने के लिए एक हफ्ता मिलता है, तो आप उसे आखिरी दिन ही पूरा करते हैं? या अगर दो घंटे मिलें, तो वही काम दो घंटे में निपट जाता है?

यही है PARKINSON'S LAW — एक सरल लेकिन शक्तिशाली सिद्धांत जो हमारी PRODUCTIVITY और TIME MANAGEMENT की दुनिया में क्रांति ला सकता है।

2. BIRTH (जन्म)

यह सिद्धांत सबसे पहले 1955 में CYRIL NORTHCOTE PARKINSON, एक ब्रिटिश इतिहासकार और लेखक, ने अपने लेख में प्रस्तुत किया। उन्होंने ब्रिटिश नौकरशाही का अध्ययन करते हुए यह देखा कि कार्यों की मात्रा अक्सर समय के अनुपात में नहीं बढ़ती, लेकिन कार्यों को पूरा करने का समय बढ़ने से कार्य अपने आप फैल जाते हैं।

3. STORY (कहानी)

एक बुजुर्ग महिला को एक पोस्टकार्ड भेजना था। वह सुबह से शाम तक व्यस्त रही–पता लिखने में आधा घंटा, पोस्टकार्ड ढूँढने में एक घंटा, और सोचने में तीन घंटे कि क्या लिखें। पूरा दिन लग गया। वहीं एक ऑफिस कर्मचारी को वही पोस्टकार्ड भेजने के लिए सिर्फ 5 मिनट थे–और उसने कर दिया।

काम का फैलाव, समय पर निर्भर करता है।

4. SCIENCE (विज्ञान)

मानव मस्तिष्क PROCRASTINATION यानी टालमटोल की प्रवृत्ति से जुड़ा होता है। जब हमारे पास अधिक समय होता है, तो हमारा दिमाग उसे "महत्वपूर्ण" मानते हुए समय खींचता है। DEADLINES हमारे ब्रेन के "URGENCY MODE" को सक्रिय करती हैं, जिससे FOCUS और EXECUTION SPEED बढ़ती है।

5. PHILOSOPHY (दर्शन)

दार्शनिक दृष्टिकोण से देखा जाए तो समय का सदुपयोग आत्म-अनुशासन का हिस्सा है।

"समय जीवन है। जो समय बर्बाद करता है, वह जीवन बर्बाद करता है।" PARKINSON'S LAW हमें सिखाता है कि अनावश्यक विस्तार आत्म-विकास में बाधा है।

6. SPIRITUALITY (आध्यात्म)

आध्यात्मिक मार्ग पर भी यह सिद्धांत लागू होता है। साधना, ध्यान, और सेवा –जब उन्हें सीमित और निश्चित समय में नियमित रूप से किया जाए–तो उनका प्रभाव गहरा होता है। समय की मर्यादा, ध्यान को केंद्रित करती है। सीमा में साधना, शक्ति देती है।

7. MY PERSPECTIVE (मेरा दृष्टिकोण)

मेरे अनुभव में PARKINSON'S LAW एक GAME-CHANGER है। जब मैंने हर कार्य के लिए सीमित समय निर्धारित किया, तो मेरी उत्पादकता दोगुनी हो गई। मैंने जाना कि काम की गुणवत्ता समय की मात्रा से नहीं, बल्कि ध्यान और स्पष्टता से तय होती है।

8. USEFULNESS (उपयोगिता)

- काम जल्दी खत्म होता है।
- TIME WASTE कम होता है।
- EFFICIENCY और FOCUS बढ़ता है।
- PROCRASTINATION कम होता है।
- वर्क-लाइफ बैलेंस बेहतर होता है।

9. PRACTICE (अभ्यास)

हर कार्य के लिए समय सीमा तय करें (E.G., 25 मिनट में ईमेल)।

"TIME BOXING" तकनीक अपनाएं — दिन को 30-30 मिनट के ब्लॉक्स में बांटें।

"ARTIFICIAL DEADLINES" सेट करें — खुद के लिए तय करें कि X काम 3 बजे तक खत्म करना है, भले ही असली डेडलाइन कल हो।

10. REFLECTION (चिंतन)

- क्या मैं समय को उद्देश्यहीन रूप से खर्च कर रहा हूँ?
- क्या मैं काम को इसलिए खींच रहा हूँ क्योंकि मेरे पास ज़्यादा समय है?
- क्या मैं खुद के लिए स्पष्ट और सीमित समय तय करता हूँ?

11. MY QUOTE (मेरा उद्धरण)

"समय नहीं घटता, काम फैलता है — जब तक तुम सीमा नहीं तय करते।" — डॉ. मुकेश अग्रवाल

12. CONCLUSION (निष्कर्ष)

PARKINSON'S LAW सिर्फ एक सिद्धांत नहीं, बल्कि एक PRODUCTIVITY का मंत्र है। यदि हम सीमित समय में कार्यों को पूरा करना सीख जाएं, तो हम अपने दिन में घंटों की बचत कर सकते हैं। यह सिद्धांत हमें सिखाता है कि कुशलता का रहस्य समय को नियंत्रित करने में नहीं, बल्कि समय के भीतर खुद को नियंत्रित करने में है।

80/20 RULE

1. INTRODUCTION (परिचय)

क्या आपने कभी देखा है कि आपकी ज़िंदगी की अधिकांश खुशियाँ कुछ ही लोगों से जुड़ी होती हैं? या आपकी ज़्यादातर प्रोडक्टिविटी कुछ ही कामों से आती है?

PARETO PRINCIPLE, जिसे 80/20 RULE कहा जाता है, हमें बताता है कि जीवन में असमानता के पीछे एक पैटर्न है — और यदि आप इसे पहचान लें, तो आप चमत्कार कर सकते हैं।

2. BIRTH (जन्म)

इस सिद्धांत का जन्म VILFREDO PARETO, एक इटालियन अर्थशास्त्री, ने 1896 में किया था। उन्होंने पाया कि इटली की 80% संपत्ति सिर्फ 20% लोगों के पास थी। बाद में, इस असमानता का पैटर्न व्यवसाय, शिक्षा, समय प्रबंधन, और व्यक्तिगत जीवन में भी देखा गया।

3. STORY (कहानी)

एक व्यापारी ने देखा कि उसकी कुल कमाई का 80% सिर्फ 20% ग्राहकों से आ रहा है। उसने इन 20% ग्राहकों पर अधिक ध्यान देना शुरू किया–और उसका बिज़नेस दोगुना हो गया।

संदेश साफ था:

"सबकुछ बराबर महत्त्वपूर्ण नहीं होता।"

4. SCIENCE (विज्ञान)

RESEARCH कहती है कि हमारी NEURAL ENERGY एक समय में कुछ ही प्रमुख कार्यों पर केंद्रित हो सकती है।

FOCUS AMPLIFIES OUTPUT.

इसलिए, जिन कार्यों में आपकी प्रतिभा, रुचि और महत्व अधिक है — वे सीमित होते हैं लेकिन उनके परिणाम बहुत बड़े होते हैं।

5. PHILOSOPHY (दर्शन)

दार्शनिक दृष्टिकोण से यह नियम जीवन की असमानता की ओर इशारा करता है:

"जीवन न्यायसंगत नहीं है, पर समझदारी से जिया जा सकता है।"

यह सिद्धांत हमें विवेक और चयन की कला सिखाता है — क्या छोड़ें और क्या पकड़े रखें।

6. SPIRITUALITY (आध्यात्म)

- आध्यात्मिक अभ्यास में भी यही देखा जाता है —
- 20% साधना, 80% आत्मिक परिवर्तन लाती है।
- कुछ मिनटों का सच्चा ध्यान, घंटों की दिखावटी पूजा से बेहतर होता है।
- "गुणवत्ता" की खोज, "मात्रा" से अधिक महत्वपूर्ण है।

7. MY PERSPECTIVE (मेरा दृष्टिकोण)

मेरे जीवन में जब मैंने इस सिद्धांत को अपनाया, तो काम आसान और जीवन शांत हुआ।

मैंने पहचाना —

- 20% क्लाइंट, 80% रेवन्यू लाते हैं
- 20% किताबें, 80% ज्ञान देती हैं
- 20% आदतें, 80% जीवन बनाती हैं
- यह ज्ञान, सहजता और सफलता दोनों लाता है।

8. USEFULNESS (उपयोगिता)

- प्राथमिकता तय करने में मदद करता है
- समय और ऊर्जा की बचत
- लक्ष्य के प्रति फोकस
- बेहतर निर्णय क्षमता
- ज़्यादा रिटर्न, कम प्रयास

9. PRACTICE (अभ्यास)

- अपनी TO-DO LIST में सबसे असरदार 20% कार्य पहचानें

- जीवन के 20% रिश्ते जो 80% खुशी देते हैं, उन्हें पोषित करें
- 80% तनाव के 20% कारणों की पहचान करें और उन्हें सुधारें
- सप्ताह के अंत में रिव्यू करें कि असली "IMPACT" कहाँ से आया

10. REFLECTION (चिंतन)

- मैं कौन-से 20% कार्य कर रहा हूँ जो मेरा 80% परिणाम दे रहे हैं?
- कौन-से लोग, आदतें या सोच मेरी ऊर्जा ज़्यादा ले रही हैं पर रिटर्न कम है?
- क्या मैं अपना समय सही जगह पर निवेश कर रहा हूँ?

11. MY QUOTE (मेरा उद्धरण)

"जीवन की दिशा, चुनाव से बदलती है; हर काम जरूरी नहीं, हर काम असरदार भी नहीं।" — डॉ. मुकेश अग्रवाल

12. CONCLUSION (निष्कर्ष)

PARETO PRINCIPLE हमें सिखाता है कि कम में अधिक कैसे पाया जाए। यह नियम सिर्फ सफलता का नहीं, स्मार्टनेस का सूत्र है। जब हम सही चीज़ों पर ध्यान केंद्रित करते हैं, तो जीवन में संतुलन, शांति और सिद्धि अपने आप आ जाती है।

KAIZEN

1. INTRODUCTION (परिचय)

- KAIZEN एक जापानी दर्शन है जो कहता है
- छोटे-छोटे सुधार, लंबे समय में बड़ा बदलाव लाते हैं।
- यह सिद्धांत न सिर्फ व्यापार में, बल्कि व्यक्तिगत विकास, आदत सुधार और आत्म-विकास में क्रांति ला सकता है।

2. BIRTH (जन्म)

- KAIZEN की उत्पत्ति जापान में द्वितीय विश्व युद्ध के बाद हुई।
- जब जापान को पुनर्निर्माण की आवश्यकता थी, तो उन्होंने लगातार छोटे सुधारों को अपनाया।
- TOYOTA जैसी कंपनियों ने इसे अपनाकर वैश्विक गुणवत्ता का प्रतीक बना दिया।

2. STORY (कहानी)

टोयोटा में एक कर्मचारी ने छोटी-सी गलती सुधारी, जिससे कंपनी को करोड़ों का फायदा हुआ।

KAIZEN की ताकत वहीं से पहचानी गई:

"छोटा सुधार, बड़ी सफलता।"

4. SCIENCE (विज्ञान)

- न्यूरोप्लास्टिसिटी सिद्ध करती है कि हमारा दिमाग लगातार बदल सकता है।
- हर दिन की छोटी प्रैक्टिस, ब्रेन में नए न्यूरल पाथवे बनाती है।
- इसका मतलब: छोटे बदलाव भी दिमाग में बड़ा प्रभाव डालते हैं।

5. PHILOSOPHY (दर्शन)

KAIZEN कहता है:

"पूर्णता एक गंतव्य नहीं, एक यात्रा है।"

दार्शनिक दृष्टिकोण से, यह स्व-परिवर्तन की सतत प्रक्रिया है।

आप हर दिन बेहतर हो सकते हैं — और यही असली प्रगति है।

6. SPIRITUALITY (आध्यात्म)

आध्यात्मिक दृष्टि से,
KAIZEN = तपस्या।
छोटे-छोटे नियम, निरंतर अभ्यास, और सुधार की इच्छा — यही आत्मविकास का मार्ग है।
हर दिन एक कदम भीतर की ओर।

6. MY PERSPECTIVE (मेरा दृष्टिकोण)

मैंने जब KAIZEN अपनाया,

- लेखन में हर दिन एक पैराग्राफ बेहतर लिखा
- टीम लीडरशिप में हर सप्ताह एक आदत सुधारी
- स्वास्थ्य में हर दिन एक भोजन सही चुना
- और नतीजा?
- क्रांतिकारी परिवर्तन, बिना किसी क्रांति के।

8. USEFULNESS (उपयोगिता)

- आत्म-सुधार के लिए प्रभावशाली
- तनाव रहित परिवर्तन
- लगातार सीखने की संस्कृति
- टीम और संस्थान के लिए स्थायी विकास
- बड़े लक्ष्यों को छोटे हिस्सों में बांटकर हासिल करना

9. PRACTICE (अभ्यास)

- 1% रोज सुधार का नियम अपनाएं
- हर दिन, "आज मैं क्या बेहतर कर सकता हूँ?" पूछें
- डायरी या ऐप में प्रगति ट्रैक करें
- एक आदत, एक हफ्ता, एक सुधार – यही मंत्र हो

10. REFLECTION (चिंतन)

- क्या मैं आज अपने आप में 1% सुधार कर पाया?
- क्या मैं बड़े बदलाव का इंतज़ार कर रहा हूँ या रोज़ छोटे कदम उठा रहा हूँ?
- मैंने पिछली बार खुद को कब अपडेट किया था?

11. MY QUOTE (मेरा उद्धरण)

"परिवर्तन का शोर नहीं होता, वो रोज़ की चुपचाप मेहनत से आता है।"
— डॉ. मुकेश अग्रवाल

12. CONCLUSION (निष्कर्ष)

- KAIZEN हमें सिखाता है कि बदलाव, विस्फोटक नहीं — सतत और सौम्य होना चाहिए।
- यदि हम रोज़ 1% बेहतर बनें, तो साल के अंत तक हम 37 गुना बेहतर इंसान बन सकते हैं।
- यही KAIZEN का जादू है — धीमे चलो, लेकिन रुकना मत।

TIME BLOCKING TECHNIQUE

1. INTRODUCTION (परिचय)

TIME BLOCKING एक सरल लेकिन शक्तिशाली तकनीक है जिसमें हम अपने पूरे दिन को अलग-अलग समय खंडों (BLOCKS) में बाँटते हैं, और हर खंड को किसी विशेष कार्य के लिए आरक्षित करते हैं।

इसका मूल मंत्र है:

"हर काम का समय, और समय में हर काम।"

2. BIRTH (जन्म)

TIME BLOCKING की अवधारणा की जड़ें बेंजामिन फ्रैंकलिन तक जाती हैं, जिन्होंने अपने पूरे दिन की योजना घंटे-घंटे पर बनाई थी।

आधुनिक युग में इसे ELON MUSK और CAL NEWPORT जैसे लोगों ने अपनाकर और लोकप्रिय किया।

3. STORY (कहानी)

ELON MUSK, जो SPACEX और TESLA दोनों चलाते हैं, अपने हर 5 मिनट के ब्लॉक को पहले से शेड्यूल करते हैं।

उनका कहना है —

"अगर आप अपने कैलेंडर में समय नहीं रखेंगे, तो कोई और रख देगा।"

यानी TIME BLOCKING = FOCUS + FREEDOM

4. SCIENCE (विज्ञान)

- हमारा दिमाग CONTEXT SWITCHING से थकता है।
- बार-बार ध्यान बदलने से प्रोडक्टिविटी 40% तक गिरती है।
- TIME BLOCKING, न्यूरोलॉजिकल फ्लो को बनाए रखता है और गहरे काम (DEEP WORK) को संभव बनाता है।

5. PHILOSOPHY (दर्शन)

TIME BLOCKING का दर्शन कहता है:

"जैसे धन का बजट बनाते हैं, वैसे समय का भी बनाओ।"

समय, सबसे कीमती संसाधन है — और इसे बर्बाद करने से बड़ी कोई मूर्खता नहीं।

7.   SPIRITUALITY (आध्यात्म)

आध्यात्मिक रूप से TIME BLOCKING ध्यान, साधना, और आत्मचिंतन को जीवन में व्यवस्थित ढंग से शामिल करने का माध्यम बन सकता है।
जिस तरह योग में हर आसन का एक समय होता है, वैसे ही जीवन में भी हर कर्म का समय होना चाहिए।

8.   MY PERSPECTIVE (मेरा दृष्टिकोण)

मैंने जब TIME BLOCKING अपनाया:

- लेखन का समय तय किया — DISTRACTION गायब
- मीटिंग्स सीमित हुईं — OUTPUT बढ़ा
- परिवार के लिए QUALITY TIME बना
- TIME BLOCKING ने CHAOS को CALMNESS में बदल दिया।

8. USEFULNESS (उपयोगिता)

- काम में गहराई (DEEP WORK)
- तनाव में कमी
- बेहतर निर्णय क्षमता
- अधिक समय बचत
- संतुलित जीवन

9. PRACTICE (अभ्यास)

- सप्ताह की योजना रविवार को बनाएं
- हर दिन को ब्लॉक्स में बांटें — FOCUS, ADMIN, BREAKS
- सुबह सबसे महत्वपूर्ण कार्य का BLOCK रखें
- DISTRACTION-FREE TIME ZONE बनाएं (MOBILE-FREE BLOCK)

10. REFLECTION (चिंतन)

- क्या मेरा दिन उद्देश्यपूर्ण था या प्रतिक्रिया-संचालित?
- क्या मैंने अपना सबसे महत्वपूर्ण काम अपने टाइम ब्लॉक में किया?

- क्या मैं TIME BLOCKING को यथार्थवादी तरीके से अपना रहा हूँ?

11. MY QUOTE (मेरा उद्धरण)

"जो समय को काटता है, वो जीवन को खोता है; जो समय को ब्लॉक करता है, वो सपनों को छूता है।" — डॉ. मुकेश अग्रवाल

12. CONCLUSION (निष्कर्ष)

TIME BLOCKING कोई जटिल प्रणाली नहीं, बल्कि एक जीवनशैली है। यह हमें बताता है कि उत्पादकता और शांति दोनों साथ चल सकते हैं — बस समय को समझदारी से बाँटना होगा।
"समय को बाँटो, सफलता को पाओ।"

ZEIGARNIK EFFECT

1. INTRODUCTION (परिचय)

ZEIGARNIK EFFECT एक मनोवैज्ञानिक सिद्धांत है जो बताता है कि अधूरे कार्य हमारे दिमाग में ज्यादा देर तक बने रहते हैं, जबकि पूर्ण हुए कार्य जल्दी भुला दिए जाते हैं।

यह हमारी याददाश्त, प्रोडक्टिविटी, और तनाव पर गहरा असर डालता है।

2. BIRTH (जन्म)

इस सिद्धांत का जन्म 1920 के दशक में हुआ, जब रूसी मनोवैज्ञानिक BLUMA ZEIGARNIK ने देखा कि वेटर्स (WAITERS) को अधूरी ऑर्डरें ज्यादा याद रहती थीं।

उन्होंने इस पर शोध किया और इसे "ZEIGARNIK EFFECT" नाम दिया।

3. STORY (कहानी)

एक बार ब्लूमा बर्लिन के एक कैफे में गईं। उन्होंने देखा कि वेटर को हर अधूरी टेबल की डिटेल याद थी, लेकिन बिल चुकते ही वो भूल जाते थे।

यहीं से ZEIGARNIK EFFECT की शुरुआत हुई —

"INCOMPLETE TASKS OCCUPY MENTAL SPACE."

4. SCIENCE (विज्ञान)

- मानव मस्तिष्क अधूरे कार्यों को COGNITIVE TENSION के रूप में महसूस करता है।
- जब कोई काम अधूरा रह जाता है, मस्तिष्क उसे बंद लूप की तरह बार-बार दोहराता है।
- यह मेमोरी रिटेंशन और फोकस पर भी असर डालता है।

5. PHILOSOPHY (दर्शन): जीवन में कई चीज़ें अधूरी रह जाती हैं —

अधूरे रिश्ते, अधूरी महत्वाकांक्षाएं, अधूरे सपने।

ZEIGARNIK EFFECT हमें बताता है कि अधूरापन ही यादों और बेचैनी का कारण बनता है।

दर्शन कहता है — अधूरे को स्वीकारो या पूरा करो।

6. SPIRITUALITY (आध्यात्म)

- आध्यात्मिकता में इसे अपूर्ण कर्म की भावना से जोड़ा जाता है।
- जैसे अधूरी साधना या अधूरा ध्यान — आत्मा में बेचैनी पैदा करता है।
- पूर्णता ही शांति लाती है।
- "समाप्ति ही समाधि है।"

7. MY PERSPECTIVE (मेरा दृष्टिकोण)

- मैंने अनुभव किया कि जब कोई लेख अधूरा छूटता है, तो दिमाग उसी में उलझा रहता है।
- लेकिन जैसे ही उसे खत्म करता हूँ — मन शांत हो जाता है।
- ZEIGARNIK EFFECT ने मुझे सिखाया:
- "छोटे अधूरे काम भी मानसिक बोझ बन जाते हैं।"

8. USEFULNESS (उपयोगिता)

- अधूरे कार्यों को प्राथमिकता देने में मदद
- टू-डू लिस्ट की शक्ति को समझने में सहायक
- फोकस और क्लोजर के महत्व को बताता है
- रचनात्मकता को बढ़ाता है (क्योंकि दिमाग अधूरे काम पर विचार करता रहता है)

9. PRACTICE (अभ्यास)

- सभी कार्यों की लिस्ट बनाएँ
- बड़े कार्यों को छोटे हिस्सों में बाँटें
- जब भी काम अधूरा छोड़ें, एक रिमाइंडर या नोट अवश्य बनाएं
- अधूरे काम को 'PROGRESS LIST' में ट्रैक करें

10. REFLECTION (चिंतन)

- कौन से अधूरे कार्य मेरे मन को बांध रहे हैं?
- क्या मैं अधूरेपन को जानबूझकर टाल रहा हूँ?
- क्या मैं चीजों को "क्लोज़" करने की आदत बना रहा हूँ?

11. MY QUOTE (मेरा उद्धरण)

"अधूरे कार्य मन की ज़मीन पर उगते हैं — काटोगे नहीं, तो जंगल बन जाएंगे।" — डॉ. मुकेश अग्रवाल

12. CONCLUSION (निष्कर्ष)

ZEIGARNIK EFFECT हमें सिखाता है कि अधूरा कार्य सिर्फ कार्य नहीं, मानसिक भार होता है।

हर अधूरे काम को पूरा करने की कोशिश, न सिर्फ प्रोडक्टिविटी बढ़ाती है, बल्कि मानसिक शांति भी लाती है।

"क्लोज द लूप, फ्री योर माइंड।"

ATOMIC HABITS PRINCIPLE

1. INTRODUCTION (परिचय)

ATOMIC HABITS सिद्धांत इस विचार पर आधारित है कि सूक्ष्म (छोटी) और लगातार की गई आदतें हमारे जीवन में असाधारण परिवर्तन ला सकती हैं। यह सिद्धांत आदतों की शक्ति और उनके प्रभाव को वैज्ञानिक व व्यवहारिक दृष्टिकोण से समझाता है।

2. BIRTH (जन्म)

इस सिद्धांत को लोकप्रिय बनाने का श्रेय जाता है लेखक JAMES CLEAR को, जिनकी पुस्तक "ATOMIC HABITS" एक अंतरराष्ट्रीय बेस्टसेलर बनी। हालाँकि आदतों पर अध्ययन बहुत पहले से होता रहा है, लेकिन "ATOMIC" यानी "सूक्ष्म और शक्तिशाली"   दृष्टिकोण ने एक नई दिशा दी।

3. STORY (कहानी)

JAMES CLEAR ने एक दुर्घटना के बाद खुद को दोबारा मजबूत करने के लिए छोटी-छोटी आदतें बनाईं —
जैसे रोज़ एक पंक्ति लिखना, 5 मिनट पढ़ना, 2 पुशअप्स।
वो कहते हैं:
"YOU DO NOT RISE TO THE LEVEL OF YOUR GOALS. YOU FALL TO THE LEVEL OF YOUR SYSTEMS."

4. SCIENCE (विज्ञान)

न्यूरोसाइंस कहती है कि हर आदत एक न्यूरल पैटर्न बनाती है — जिसे बार-बार दोहराने से मस्तिष्क उसे "डिफॉल्ट मोड" बना लेता है।
JAMES CLEAR ने आदत सुधार के 4 चरण बताए:

- CUE (संकेत)
- CRAVING (लालसा)
- RESPONSE (प्रतिक्रिया)
- REWARD (इनाम)

5. PHILOSOPHY (दर्शन)

भारतीय दर्शन कहता है —
  "यथा वृत्ति, तथा गति।"
जैसी आदतें, वैसा जीवन।
आदतें हमारे कर्मों का दर्पण हैं और कर्म ही भाग्य बनाते हैं।
छोटी-छोटी आदतें, बड़े भाग्य का निर्माण करती हैं।

6. SPIRITUALITY (आध्यात्म)

आध्यात्मिक साधना भी आदतों पर आधारित है —
नियमित प्रार्थना, ध्यान, योग।
शास्त्र कहते हैं:
  "अभ्यासेन तु कौन्तेय वैराग्येण च गृह्यते।"
(नियमित अभ्यास और वैराग्य से मन पर विजय पाई जाती है।)

7. MY PERSPECTIVE (मेरा दृष्टिकोण)

मैं मानता हूँ कि हर परिवर्तन का बीज एक छोटी आदत होती है।
मैंने अपने जीवन में देखा है कि —
रोज़ 10 मिनट का पढ़ना, 5 मिनट का ध्यान या एक विनम्रता से भरा संवाद
—धीरे-धीरे व्यक्ति को भीतर से निखारता है।

8. USEFULNESS (उपयोगिता)

- आदतों के माध्यम से लक्ष्य प्राप्ति
- आत्म-विकास में निरंतरता
- जीवन में अनुशासन और स्पष्टता
- समय और ऊर्जा की सही दिशा में खपत

9. PRACTICE (अभ्यास)

- हर नई आदत को 2 मिनट के संस्करण से शुरू करें
- "HABIT STACKING" करें: किसी मौजूदा आदत से जोड़ें
- हर दिन ट्रैक करें — "DON'T BREAK THE CHAIN"
- ENVIRONMENT को सहयोगी बनाएं — "MAKE IT OBVIOUS, EASY & REWARDING"

10. REFLECTION (चिंतन)

* कौन सी छोटी आदत मेरी बड़ी समस्याओं को सुलझा सकती है?
* क्या मैं बड़ी आदतें अपनाने के चक्कर में शुरुआत टाल रहा हूँ?
* क्या मैं अपनी आदतों को जानबूझकर डिज़ाइन कर रहा हूँ?

11. MY QUOTE (मेरा उद्धरण)

"बड़ा बनने की इच्छा मत रखो — बड़ी आदतें बना लो, वही तुम्हें बड़ा बना देंगी।" — डॉ. मुकेश अग्रवाल

12. CONCLUSION (निष्कर्ष)

ATOMIC HABITS सिद्धांत हमें सिखाता है कि जीवन का हर बड़ा बदलाव छोटी, लेकिन निरंतर आदतों से आता है।
यह एक जीवन दर्शन है —
"छोटा करो, लेकिन रोज़ करो।"
आदतें ही पहचान बनती हैं, और पहचान ही भविष्य।

EISENHOWER MATRIX

1. INTRODUCTION (परिचय)

EISENHOWER MATRIX समय प्रबंधन और प्राथमिकता तय करने की एक प्रभावशाली तकनीक है। यह हमें सिखाती है कि किस कार्य को तुरंत करना चाहिए, किसे बाद में करना है, और किन्हें छोड़ देना चाहिए।

2. BIRTH (जन्म)

इस सिद्धांत का नाम अमेरिका के 34वें राष्ट्रपति DWIGHT D. EISENHOWER के नाम पर रखा गया है, जिन्होंने अपने सैन्य और राजनीतिक जीवन में इसे बड़े प्रभावी ढंग से उपयोग किया। बाद में इसे STEPHEN COVEY ने अपनी किताब "THE 7 HABITS OF HIGHLY EFFECTIVE PEOPLE" में लोकप्रिय बनाया।

3. STORY (कहानी)

EISENHOWER को द्वितीय विश्व युद्ध के समय सैकड़ों निर्णय लेने होते थे। वे कहा करते थे:

"I HAVE TWO KINDS OF PROBLEMS: THE URGENT AND THE IMPORTANT. THE URGENT ARE NOT IMPORTANT, AND THE IMPORTANT ARE NEVER URGENT."

इस सोच से ही इस MATRIX का जन्म हुआ।

4. SCIENCE (विज्ञान)

मनोविज्ञान बताता है कि हमारा मस्तिष्क अक्सर तुरंत समाधान (INSTANT GRATIFICATION) की ओर भागता है —

जो "URGENT BUT NOT IMPORTANT" कार्यों को प्राथमिकता दिलाता है।

EISENHOWER MATRIX से प्रोएक्टिव निर्णय लेने की शक्ति बढ़ती है।

5. PHILOSOPHY (दर्शन)

भारतीय दर्शन कहता है:

"कार्य में प्राथमिकता ही विवेक का संकेत है।"

गीता में भी श्रीकृष्ण अर्जुन को कर्मों के बीच महत्व और कर्तव्य की प्राथमिकता सिखाते हैं —
"स्वधर्मे निधनं श्रेय:"
(अपना कर्तव्य सर्वोपरि है)

5. SPIRITUALITY (आध्यात्म)
आध्यात्मिक दृष्टिकोण से यह MATRIX सिखाती है कि हमें ध्यानपूर्वक चुनना चाहिए कि समय और ऊर्जा किस कार्य में लगानी है।
ध्यान, साधना, आत्मचिंतन — ये शायद "URGENT" नहीं लगते, पर सबसे "IMPORTANT" होते हैं।

6. MY PERSPECTIVE (मेरा दृष्टिकोण)
मैं मानता हूँ कि EISENHOWER MATRIX सिर्फ समय की नहीं, जीवन की प्राथमिकताओं को तय करने का यंत्र है।
यह आपको आपकी दिशा, दृष्टि और दृढ़ता तीनों देती है।

8. USEFULNESS (उपयोगिता)
- निर्णय क्षमता में वृद्धि
- तनाव में कमी
- समय का कुशल उपयोग
- बड़े लक्ष्यों की ओर ध्यान केंद्रित करना
- व्यस्तता से निकलकर प्रभावशीलता की ओर बढ़ना

9. PRACTICE (अभ्यास)
- EISENHOWER MATRIX के 4 QUADRANTS:
- URGENT & IMPORTANT → तुरंत करें (DO NOW)
- NOT URGENT & IMPORTANT → योजना बनाएं (SCHEDULE)
- URGENT & NOT IMPORTANT → सौंप दें (DELEGATE)
- NOT URGENT & NOT IMPORTANT → त्याग दें (ELIMINATE)
रोज सुबह इसे बनाना आदत बना लें।

10. REFLECTION (चिंतन)

- क्या मैं हर दिन व्यस्त हूँ या प्रभावी?
- क्या मैं जीवन के जरूरी कार्यों को टाल रहा हूँ?
- क्या मेरी दिनचर्या मेरे लक्ष्यों को दर्शाती है?

11. MY QUOTE (मेरा उद्धरण)

"अगर तुम हर ज़रूरी काम को ज़रूरी समय पर नहीं करोगे — ज़िंदगी तुम्हें व्यस्त बना देगी, प्रभावशाली नहीं।"   — डॉ. मुकेश अग्रवाल

12. CONCLUSION (निष्कर्ष)

EISENHOWER MATRIX एक दर्पण है, जो हमारी प्राथमिकताओं को स्पष्ट करता है। यह केवल कार्यों का प्रबंधन नहीं, बल्कि स्वयं का प्रबंधन है। यदि अपनाया जाए, तो यह जीवन को व्यस्तता से निकालकर दिशा, संकल्प और शांति की ओर ले जाता है।

CHRONOTYPE AWARENESS

1. INTRODUCTION (परिचय)

हर व्यक्ति का एक जैविक समय (BODY CLOCK) होता है, जिसे CHRONOTYPE कहते हैं।

यह तय करता है कि हम कब सबसे अधिक ऊर्जा से भरपूर होते हैं, और कब हमारा मस्तिष्क सबसे ज्यादा सक्रिय होता है।

CHRONOTYPE AWARENESS यानी अपने प्राकृतिक रुटीन को समझना और उसी अनुसार जीवन को ढालना।

2. BIRTH (जन्म)

CHRONOTYPE की अवधारणा स्लीप साइकोलॉजिस्ट DR. MICHAEL BREUS ने लोकप्रिय बनाई।

उन्होंने लोगों को उनके नींद के पैटर्न और ऊर्जा के अनुसार चार CHRONOTYPES में बांटा —

LION, BEAR, WOLF, DOLPHIN

3. STORY (कहानी)

एक कॉर्पोरेट कर्मचारी, जो हमेशा सुबह 5 बजे उठने की कोशिश करता था लेकिन थका रहता था।

जब उसने अपने CHRONOTYPE को समझा — कि वह एक "WOLF" था, यानी उसका सर्वोत्तम समय दोपहर से शाम तक था —

तो उसने अपने महत्वपूर्ण कार्य उसी समय किए, और उसका प्रदर्शन व ऊर्जा दोनों बढ़ गए।

4. SCIENCE (विज्ञान)

CHRONOTYPE का आधार CIRCADIAN RHYTHM है — 24 घंटे की जैविक घड़ी जो नींद, हार्मोन, ऊर्जा और मूड को प्रभावित करती है।

MELATONIN और CORTISOL जैसे हार्मोन CHRONOTYPE के अनुसार प्रवाहित होते हैं।

5. PHILOSOPHY (दर्शन)

- प्रकृति में हर जीव का समय निर्धारित है — पक्षी सुबह गाते हैं, उल्लू रात में जागते हैं।
- मनुष्य भी प्रकृति का ही हिस्सा है।
- अपना स्वभाव जानकर उसके अनुरूप कार्य करना — यही "स्वधर्म" है।

6. SPIRITUALITY (आध्यात्म)

- योग और ध्यान भी शरीर की जैविक घड़ी के अनुरूप करने से गहरे प्रभाव देते हैं।
- ब्रह्ममुहूर्त (सुबह 4–6 बजे) "LION" CHRONOTYPE वालों के लिए सर्वोत्तम होता है,
- जबकि रात्रिकालीन ध्यान "WOLF" वालों के लिए।

7. MY PERSPECTIVE (मेरा दृष्टिकोण)

- मैं मानता हूँ कि CHRONOTYPE AWARENESS आत्मज्ञान का एक आधुनिक साधन है।
- जो व्यक्ति अपने शरीर और मस्तिष्क की ऊर्जा लहरों को पहचान लेता है,
- वह अपने जीवन को लय में ढाल सकता है।

8. USEFULNESS (उपयोगिता)

- कार्य में उत्पादकता बढ़ेगी
- BURNOUT से बचाव
- रिश्तों में सामंजस्य
- बेहतर नींद और स्वास्थ्य
- समय और ऊर्जा का सर्वोत्तम उपयोग

9. PRACTICE (अभ्यास)

- अपना CHRONOTYPE पहचानें (LION, BEAR, WOLF, DOLPHIN)
- कार्यों को ऊर्जा स्तर के अनुसार बांटें

- नींद, खानपान और व्यायाम की समय-सारिणी बनाएं
- दूसरों के CHRONOTYPE को भी समझें (टीमवर्क में सहूलियत)

10. REFLECTION (चिंतन)

- क्या मैं अपने शरीर के विरुद्ध जा रहा हूँ?
- किस समय मैं सबसे अधिक रचनात्मक और फोकस्ड होता हूँ?
- क्या मेरी जीवनशैली मेरे CHRONOTYPE के अनुकूल है?

11. MY QUOTE (मेरा उद्धरण)

"सफलता तब आसान हो जाती है जब तुम समय को नहीं, समय तुम्हें धकेलता है।" — डॉ. मुकेश अग्रवाल

12. CONCLUSION (निष्कर्ष)

CHRONOTYPE AWARENESS सिर्फ एक समय-प्रबंधन तकनीक नहीं, बल्कि जीवन के लय और स्वर को पहचानने की कला है। जो इसे समझता है, वह संघर्ष नहीं, सहजता से जीना सीख जाता है।

TWO-MINUTE RULE

1. INTRODUCTION (परिचय)

TWO-MINUTE RULE एक सरल लेकिन शक्तिशाली नियम है, जो आलस्य और टालमटोल से लड़ने में मदद करता है।

यह कहता है कि यदि कोई कार्य दो मिनट से कम समय में पूरा हो सकता है, तो उसे तुरंत कर डालो।

यह छोटी-छोटी जीतों से बड़े बदलाव लाता है।

2. BIRTH (जन्म)

इस सिद्धांत को DAVID ALLEN ने अपनी किताब GETTING THINGS DONE में प्रस्तुत किया।

बाद में इसे JAMES CLEAR ने अपनी बेस्टसेलर ATOMIC HABITS में और सरलता से अपनाया।

3. STORY (कहानी)

एक महिला ऑफिस में हर रोज ईमेल्स का ढेर देखकर घबरा जाती थी।

फिर उसने TWO-MINUTE RULE अपनाया —

हर वह ईमेल जो दो मिनट में जवाबी हो सकती थी, वह तुरंत करती गई।

एक हफ्ते में उसका इनबॉक्स खाली हो गया और मन हल्का।

4. SCIENCE (विज्ञान)

- हमारा मस्तिष्क छोटे कार्यों को आसानी से स्वीकार करता है।
- डोपामीन रिलीज होता है जब हम कोई टास्क पूरा करते हैं, और यह "DO MORE" का संकेत देता है।
- TWO-MINUTE RULE PROCRASTINATION से निकलने का न्यूरोसाइंटिफिक तरीका है।

5. PHILOSOPHY (दर्शन)

"क्षण का सदुपयोग" — यह भारतीय दर्शन का मूल है।

गीता में श्रीकृष्ण कहते हैं — 'क्षणं न वियर्थं गच्छेत्' — एक भी क्षण व्यर्थ न जाने दो।

यह नियम उसी भावना को आधुनिक रूप में लाता है।

5. SPIRITUALITY (आध्यात्म)
कर्मयोग यही सिखाता है —
छोटे कार्यों को श्रद्धा और तत्परता से करना ही साधना है।
TWO-MINUTE RULE को अपनाकर हम "प्रत्येक क्षण" को पवित्र कर्म में
बदल सकते हैं।

6. MY PERSPECTIVE (मेरा दृष्टिकोण)
मेरे लिए यह नियम "कार्यभार को कार्यप्रवाह" में बदलने का मंत्र है।
यह बताता है कि छोटा कार्य भी बड़ा प्रभाव डाल सकता है, अगर उसे टाला
न जाए।

8. USEFULNESS (उपयोगिता)
- कार्यों का ढेर नहीं लगता
- मानसिक बोझ कम होता है
- समय की बचत
- फोकस और मन की शांति
- अच्छी आदतों की शुरुआत

9. PRACTICE (अभ्यास)
- रोज़ की सूची में छोटे कार्यों को चिन्हित करें
- उन्हें तुरंत निपटाएं
- धीरे-धीरे इसे आदत बनाएं
- "START WITH TWO MINUTES" — बड़े कार्यों को शुरू करने के
  लिए भी इसका उपयोग करें

10. REFLECTION (चिंतन)

- कितने ऐसे छोटे कार्य हैं जिन्हें मैं टालता हूँ?
- क्या मैं समय का सम्मान कर रहा हूँ?
- क्या मैं 'अभी कर डालो' की मानसिकता विकसित कर रहा हूँ?

11. MY QUOTE (मेरा उद्धरण)

"हर बड़ा बदलाव दो मिनट के साहस से शुरू होता है।" — डॉ. मुकेश अग्रवाल

12. CONCLUSION (निष्कर्ष)

TWO-MINUTE RULE कोई जादू नहीं, पर यह आपके जीवन की गति को बदल सकता है।
जब आप हर छोटे कार्य को गंभीरता से लेना शुरू करते हैं,
तो बड़े लक्ष्यों की ओर यात्रा अपने आप शुरू हो जाती है।

LAW OF DIMINISHING RETURNS

1. INTRODUCTION (परिचय)
LAW OF DIMINISHING RETURNS एक ऐसा सिद्धांत है जो बताता है कि जब हम किसी एक संसाधन (जैसे समय, श्रम या प्रयास) को बढ़ाते हैं, तो एक बिंदु के बाद उसका अतिरिक्त लाभ घटने लगता है।
यह सिद्धांत हमें संतुलन, सीमाएं और कुशलता की समझ देता है।

2. BIRTH (जन्म)
यह सिद्धांत सबसे पहले 18वीं शताब्दी में अर्थशास्त्र में आया।
DAVID RICARDO और THOMAS MALTHUS ने इसे कृषि उत्पादन में देखा जहाँ अधिक श्रमिक लगाने के बावजूद उत्पादन में उतना इजाफा नहीं हुआ।

3. STORY (कहानी)
एक छात्र जो 10 घंटे रोज पढ़ाई करता था, शुरू में तेज़ी से ग्रेड्स में सुधार आया।
पर 10वें घंटे की पढ़ाई उतनी प्रभावी नहीं रही — थकावट, तनाव और भूलने की दर बढ़ गई।
जब उसने LAW OF DIMINISHING RETURNS को समझा, तो उसने पढ़ाई और विश्राम का संतुलन बनाया और बेहतर परिणाम पाए।

4. SCIENCE (विज्ञान)
मानव मस्तिष्क की सीमित ऊर्जा और फोकस क्षमता होती है।
जैसे-जैसे हम अधिक प्रयास करते हैं,
ATTENTION SPAN, RETENTION, और EFFICIENCY में गिरावट आती है।
NEUROSCIENCE बताता है कि STRATEGIC BREAKS और FOCUSED EFFORT ज्यादा असरदार होते हैं।

5. PHILOSOPHY (दर्शन)
भारतीय दर्शन कहता है —
"अति सर्वत्र वर्जयेत्" — अति हर जगह हानिकारक है।
चाहे श्रम हो, भोग हो या साधना — संतुलन ही श्रेष्ठ है।

यह नियम मध्यम मार्ग का आधुनिक रूप है।

6. SPIRITUALITY (आध्यात्म)
- ध्यान में भी जबरदस्ती ध्यान लगाने से शांति नहीं आती।
- ध्यान के साथ विश्राम और स्वीकार्यता जरूरी है।
- LAW OF DIMINISHING RETURNS हमें सिखाता है कि आंतरिक लय और सीमाओं का सम्मान करें।

6. MY PERSPECTIVE (मेरा दृष्टिकोण)
यह नियम सिर्फ उत्पादकता नहीं, जीवनशैली का संतुलन सिखाता है।
जब हम सीमाओं को पहचान लेते हैं,
तभी हम दीर्घकालिक ऊर्जा और संतुलन बनाए रख सकते हैं।

8. USEFULNESS (उपयोगिता)
- बर्नआउट से बचाव
- उत्पादकता का सही उपयोग
- सीमाओं की पहचान
- बेहतर कार्य-जीवन संतुलन
- स्मार्ट वर्क की समझ

9. PRACTICE (अभ्यास)
- कार्यों में अधिकतम प्रभाव का बिंदु पहचानें
- हर दिन के कार्यों में "जब तक ज़रूरी हो, तब तक करो" का अभ्यास
- ब्रेक, रिफ्लेक्शन और रीचार्ज को शामिल करें
- खुद से पूछें — "क्या ये प्रयास अब भी उतना ही फलदायी है?"

10. REFLECTION (चिंतन)

- क्या मैं अपनी सीमाओं को पहचान पा रहा हूँ?
- क्या मैं अनावश्यक प्रयास में फंसा हूँ?
- क्या मेरा वर्तमान प्रयास वास्तव में मूल्य दे रहा है?

11. MY QUOTE (मेरा उद्धरण)

"सीमाओं को जानना कमजोरी नहीं, कुशलता की निशानी है।" — डॉ. मुकेश अग्रवाल

12. CONCLUSION (निष्कर्ष): LAW OF DIMINISHING RETURNS हमें सिखाता है कि सिर्फ मेहनत नहीं,
सही समय पर, सही मात्रा में, और सही दिशा में प्रयास करना जरूरी है।
यह नियम जीवन के हर क्षेत्र में संतुलन का सूत्र है।

अनुभाग 4

संबंधों का अदृश्य रसायन शास्त्र

1. INTRODUCTION (परिचय)

RECIPROCITY PRINCIPLE बताता है कि जब कोई हमारे साथ अच्छा करता है,
तो हम भी बदले में अच्छा करने के लिए प्रेरित होते हैं।
यह मानव संबंधों की बुनियाद है — सामाजिक, व्यक्तिगत और व्यावसायिक।

2. BIRTH (जन्म)

यह सिद्धांत प्राचीन सभ्यताओं से चला आ रहा है।
मगर आधुनिक मनोविज्ञान में इसे लोकप्रियता मिली DR. ROBERT CIALDINI की पुस्तक
"INFLUENCE: THE PSYCHOLOGY OF PERSUASION" (1984) से।

3. STORY (कहानी)

एक रेस्तरां में ग्राहकों को बिल के साथ टॉफी दी जाती थी।
जब वेटर ने एक नहीं, दो टॉफियां दीं,
तो टिप्स में 14% तक का इज़ाफा देखा गया।
यह मात्र टॉफी नहीं, RECIPROCITY का प्रभाव था।

3. SCIENCE (विज्ञान)

सामाजिक मनोविज्ञान बताता है कि जब हमें कुछ मिलता है,
तो हमारे मस्तिष्क में एक "OBLIGATION LOOP" बनता है —
जो हमें बदले में कुछ देने के लिए प्रेरित करता है।
यह व्यवहार सहजीवन (MUTUAL COOPERATION) का मूल है।

5. PHILOSOPHY (दर्शन)

गीता में कहा गया है:
"यज्ञार्थात्कर्मणोऽन्यत्र लोकोऽयं कर्मबन्धनः"
– समाज में सभी कर्म यज्ञरूप हों, परस्पर हित में हों।
पश्चिमी दर्शन में भी, "GOLDEN RULE" —
"DO UNTO OTHERS AS YOU WOULD HAVE THEM DO UNTO YOU."

6. SPIRITUALITY (आध्यात्म)

- आध्यात्मिक दृष्टि से यह सिद्धांत करुणा और सेवा का रूप है।
- जब हम बिना स्वार्थ के देते हैं,
- तो ब्रह्मांड स्वयं उसकी पूर्ति करता है।
- कर्म सिद्धांत भी इसी पर आधारित है।

7. MY PERSPECTIVE (मेरा दृष्टिकोण)

मैं मानता हूँ कि सच्चा प्रभाव वहीं है,
जहाँ हम पहले देने वाले बनते हैं — प्रेम, समय, सहायता या ज्ञान।
RECIPROCITY रिश्तों को गहरा बनाता है और जीवन को समृद्ध।

8. USEFULNESS (उपयोगिता)

- रिश्तों में मजबूती
- व्यापार में विश्वास
- टीमवर्क में सहयोग
- समाज में सद्भाव
- संवाद में सच्चाई

9. PRACTICE (अभ्यास)

- हर दिन किसी को कुछ सकारात्मक दें — सराहना, मदद, समय
- बिना अपेक्षा के देना सीखें
- लोगों को मूल्यवान महसूस कराएं
- "GIVE FIRST" मंत्र को जीवन में उतारें

10. REFLECTION (चिंतन)

- क्या मैं रिश्तों में सिर्फ लेने वाला हूँ?
- क्या मैं बिना मांग के किसी की मदद करता हूँ?
- क्या मेरे शब्द और कर्म लोगों को कुछ लौटाने के लिए प्रेरित करते हैं?

11. MY QUOTE (मेरा उद्धरण)

"जो देने का साहस करता है, वही पाने की क्षमता जगाता है।" — डॉ. मुकेश अग्रवाल

12. CONCLUSION (निष्कर्ष): RECIPROCITY PRINCIPLE सिर्फ एक व्यवहार नहीं, एक चेतन संस्कृति है — देने और लौटाने की।
यही नियम हमारे समाज, रिश्तों और आत्मा को जीवंत बनाए रखता है।

MIRROR EFFECT IN RELATIONSHIPS

1. INTRODUCTION (परिचय): MIRROR EFFECT का अर्थ है:
हम जिनसे जुड़ते हैं, वे अक्सर हमारे ही व्यवहार, सोच और ऊर्जा को परावर्तित करते हैं।
रिश्ते हमारे आंतरिक स्वरूप का आइना होते हैं — चाहे वो प्रेम हो, क्रोध हो या असुरक्षा।

2. BIRTH (जन्म): यह सिद्धांत मनोविश्लेषण और आत्मविकास के क्षेत्रों से उत्पन्न हुआ।
कई आधुनिक थैरेपी मॉडल जैसे GESTALT THERAPY और SHADOW WORK इसका आधार लेते हैं।

3. STORY (कहानी)
एक व्यक्ति हर जगह लोगों से कहता कि सभी उसे नापसंद करते हैं।
पर जब उसने स्वयं को पसंद करना शुरू किया,
तो उसने पाया कि लोग उसका स्वागत कर रहे हैं।
रिश्ते बदल गए, क्योंकि आइना बदल गया।

4. SCIENCE (विज्ञान)
MIRROR NEURONS मस्तिष्क में वे न्यूरॉन्स हैं जो दूसरों के भाव, हावभाव और व्यवहार को कॉपी करते हैं।
इसका प्रभाव यह होता है कि हम सामने वाले के व्यवहार से ही जवाब देना सीखते हैं।

5. PHILOSOPHY (दर्शन)
उपनिषदों में कहा गया है:
"यथा दृष्टि, तथा सृष्टि" — जैसा हम देखते हैं, वैसा ही संसार बनता है।
यानी अगर हम भीतर से सकारात्मक हैं, तो संबंधों में भी वही दिखाई देगा।

6. SPIRITUALITY (आध्यात्म)
रिश्ते आत्मा के विकास का माध्यम हैं।

जिनसे हम सबसे अधिक प्रभावित होते हैं, वे हमारे भीतर के छुपे भावों और घावों को उजागर करते हैं।
वे हमें आत्मनिरीक्षण के अवसर देते हैं।

7. MY PERSPECTIVE (मेरा दृष्टिकोण)
मैं मानता हूँ कि जब कोई व्यक्ति मेरे साथ रूखा व्यवहार करता है, तो वह कहीं ना कहीं मेरी ही असुरक्षा, डर या अहंकार को दिखा रहा होता है।
मैं अब दूसरों को दोष देने से पहले स्वयं की भूमिका देखने की कोशिश करता हूँ।

8. USEFULNESS (उपयोगिता)
- रिश्तों में गहराई और समझ बढ़ती है
- आत्मनिरीक्षण और आत्मसुधार का मौका मिलता है
- दूसरों को बदलने के बजाय खुद पर काम करने की प्रेरणा मिलती है
- रिएक्शन से रिस्पॉन्स की ओर बढ़ते हैं

9. PRACTICE (अभ्यास)
- हर दिन यह सोचें: "क्या जो मुझे परेशान कर रहा है, वह मेरे भीतर भी है?"
- दूसरों के व्यवहार को जज करने से पहले खुद को देखें
- संवाद में विनम्रता और समझ बनाए रखें
- जब क्रोध आए, रुकें और आत्मचिंतन करें

10. REFLECTION (चिंतन)
- क्या मैं रिश्तों को समझने की बजाय बदलने की कोशिश करता हूँ?
- क्या मैं दूसरों में वही देखता हूँ, जो खुद में छिपा है?
- क्या मैं दूसरों को अपने ही भावनात्मक घाव का दर्पण बना रहा हूँ?

11. MY QUOTE (मेरा उद्धरण)
"हर रिश्ता एक आईना है — साफ दिखाने के लिए, तोड़ने के लिए नहीं।"
— डॉ. मुकेश अग्रवाल

12. CONCLUSION (निष्कर्ष)

MIRROR EFFECT हमें सिखाता है कि रिश्तों में बदलाव लाने के लिए हमें अपने भीतर झांकना होता है।

जब हम खुद को बदलते हैं,
सारा संसार हमें नया दिखाई देता है।

ATTACHMENT THEORY

1. INTRODUCTION (परिचय)

ATTACHMENT THEORY यह समझाने का प्रयास करती है कि हम अपने संबंधों में कैसे जुड़ते हैं, कैसे प्रतिक्रिया देते हैं, और क्यों कभी-कभी हम भावनात्मक असुरक्षा महसूस करते हैं।

यह सिद्धांत हमारे बचपन में माता-पिता या देखभाल करने वालों से संबंधों पर आधारित होता है।

2. BIRTH (जन्म)

इस सिद्धांत की शुरुआत 1950 के दशक में जॉन बोल्बी (JOHN BOWLBY) ने की थी।

बाद में मैरी ऐन्सवर्थ (MARY AINSWORTH) ने इसे विस्तार दिया और "STRANGE SITUATION" प्रयोग के जरिए इसे प्रमाणित किया।

3. STORY (कहानी)

एक बच्चा जब रोता है, और उसकी माँ तुरंत उसे उठाकर शांत करती है, तो वह बच्चा यह सीखता है कि दुनिया सुरक्षित है और लोग उस पर भरोसे के लायक हैं।

दूसरी ओर, एक बच्चा जिसकी जरूरतें बार-बार नजरअंदाज की जाती हैं, वह बड़ा होकर असुरक्षित या निर्भरशील रिश्तों की ओर झुकता है।

4. SCIENCE (विज्ञान)

ATTACHMENT THEORY के अनुसार चार प्रकार की बुनियादी ATTACHMENT STYLES होती हैं:

- SECURE – आत्मविश्वास, भरोसेमंद संबंध
- ANXIOUS – चिपकने वाले और डर वाले संबंध
- AVOIDANT – दूरी बनाए रखने वाले संबंध
- DISORGANIZED – असंगत, भ्रमित भावनात्मक शैली

ये हमारे न्यूरोलॉजिकल विकास और हार्मोनल प्रतिक्रिया से भी जुड़े होते हैं।

5. PHILOSOPHY (दर्शन)

भारतीय दर्शन में भी माया (आसक्ति) को मोक्ष के मार्ग की बाधा माना गया है।

भगवद गीता में कहा गया है:
  "जो आसक्ति रहित है, वही मुक्त है।"
ATTACHMENT THEORY दर्शन को मनोविज्ञान से जोड़ने का माध्यम बनती है।

6. SPIRITUALITY (आध्यात्म)

आध्यात्म में कहा गया है कि सच्चा संबंध वह है जो स्वतंत्रता दे, न कि बाँध दे।

ATTACHMENT THEORY बताती है कि जब हम अपने डर, असुरक्षा और अनजाने पैटर्न को समझते हैं,
तभी हम प्रेममय और स्वतंत्र रिश्ते बना सकते हैं।

7. MY PERSPECTIVE (मेरा दृष्टिकोण)

मैंने पाया है कि कई लोग अपने बचपन की अधूरी कहानियाँ अपने वयस्क रिश्तों में दोहराते हैं।
जब मैंने अपने अंदर के बच्चे को समझा,
तो मैंने अपने बाहरी रिश्तों में नम्रता और समझदारी महसूस की।

8. USEFULNESS (उपयोगिता)

- आत्म-जागरूकता और आत्म-सुधार
- रिश्तों में अधिक स्थिरता और स्पष्टता
- ट्रस्ट और इमोशनल इंटेलिजेंस में वृद्धि
- मानसिक स्वास्थ्य को बेहतर बनाना

9. PRACTICE (अभ्यास)

- अपने ATTACHMENT STYLE की पहचान करें
- INNER CHILD HEALING MEDITATION करें
- JOURNALING करें: "मैं किन संबंधों में असुरक्षा महसूस करता हूँ और क्यों?"
- खुद से और अपनों से खुले संवाद की आदत डालें

10. REFLECTION (चिंतन)

* क्या मेरा रिश्ता प्रेम पर आधारित है या डर पर?
* क्या मैं बार-बार उसी तरह के पार्टनर की ओर आकर्षित होता हूँ?
* क्या मैंने अपने बचपन के घावों को स्वीकार किया है?

11. MY QUOTE (मेरा उद्धरण)

"जब हम अपने बचपन को गले लगाते हैं, तभी हम परिपक्व रिश्ते बना पाते हैं।" — डॉ. मुकेश अग्रवाल

12. CONCLUSION (निष्कर्ष)

ATTACHMENT THEORY हमें हमारे संबंधों के पीछे छुपे गहरे मनोवैज्ञानिक तंतु दिखाती है।

अगर हम उन्हें समझ लें, तो हम स्वस्थ, संतुलित और प्रेमपूर्ण जीवन की ओर बढ़ सकते हैं।

LOVE LANGUAGES

1. INTRODUCTION (परिचय)

- हर व्यक्ति प्यार पाने और देने के तरीके में अलग होता है।
- LOVE LANGUAGES वह सिद्धांत है जो बताता है कि हम अपने रिश्तों में कैसे प्यार महसूस करते हैं और कैसे उसे अभिव्यक्त करते हैं।
- यह ज्ञान हमें अपने जीवनसाथी, बच्चों, दोस्तों और यहां तक कि सहकर्मियों से संबंध बेहतर बनाने में मदद करता है।

2. BIRTH (जन्म)

इस सिद्धांत की रचना की डॉ. गैरी चैपमैन (DR. GARY CHAPMAN) ने अपनी प्रसिद्ध किताब

"THE 5 LOVE LANGUAGES" (1992) में की थी।

उन्होंने हजारों कपल्स की काउंसलिंग करते हुए यह पैटर्न खोजा।

3. STORY (कहानी)

एक पत्नी कहती है, "वो मुझसे प्यार नहीं करता।"

पति जवाब देता है, "मैं तो रोज काम से लौटते हुए तुम्हारे लिए कुछ न कुछ लाता हूँ।"

असल में, पति की ACTS OF SERVICE भाषा है और पत्नी की WORDS OF AFFIRMATION।

भाषा अलग थी, भावना एक।

4. SCIENCE (विज्ञान)

डॉ. चैपमैन के अनुसार, 5 प्रमुख LOVE LANGUAGES होती हैं:

- WORDS OF AFFIRMATION (प्रशंसा के शब्द)
- QUALITY TIME (गुणवत्ता समय)
- RECEIVING GIFTS (उपहार पाना)
- ACTS OF SERVICE (सेवा के कार्य)
- PHYSICAL TOUCH (शारीरिक स्पर्श)

जब कोई व्यक्ति अपनी प्रेम भाषा में संवाद करता है, तो उसके ऑक्सिटोसिन लेवल (BONDING HORMONE) में वृद्धि होती है।

5. PHILOSOPHY (दर्शन)

प्रेम को केवल महसूस करना नहीं, उसे सही ढंग से अभिव्यक्त करना भी कला है।

भारतीय दर्शन में भी 'भाव' और 'भाषा' दोनों को महत्व दिया गया है —

"प्रेम शब्दों से नहीं, भाव से परिपूर्ण होता है, पर भाषा उसका माध्यम बनती है।"

6. SPIRITUALITY (आध्यात्म)

- आध्यात्मिक रूप से, सच्चा प्रेम तब होता है जब हम दूसरे के आत्मभाव को समझते हैं।
- LOVE LANGUAGES हमें दूसरों की भावनात्मक ज़रूरतों को पहचानने का माध्यम देती हैं।
- यह करुणा और सह-अस्तित्व का अभ्यास है।

7. MY PERSPECTIVE (मेरा दृष्टिकोण)

मेरे अनुसार, कई रिश्ते इसलिए टूटते हैं क्योंकि हम एक-दूसरे की प्रेम भाषा नहीं समझते।

जब मैंने यह जाना कि मेरे परिवार के सदस्य किस भाषा में प्यार पाना पसंद करते हैं,

तो रिश्तों में अहसास, अपनापन और संवाद आ गया।

8. USEFULNESS (उपयोगिता)

- रिश्तों को मजबूत बनाना
- गलतफहमियों को कम करना
- भावनात्मक जरूरतों की पहचान
- आत्मीयता और सामंजस्य बढ़ाना

9. PRACTICE (अभ्यास)

- खुद की और अपने प्रियजनों की LOVE LANGUAGE पहचानिए
- हर सप्ताह किसी एक भाषा में प्रेम दर्शाइए
- LOVE LANGUAGE QUIZ लें
- JOURNALING करें: "आज मैंने किसकी प्रेम भाषा में संवाद किया?"

10. REFLECTION (चिंतन)

- क्या मैं सामने वाले की प्रेम भाषा समझता हूँ या केवल अपनी भाषा में प्रेम जताता हूँ?
- क्या मैंने अपने बच्चों, जीवनसाथी, माता-पिता से कभी उनकी प्रेम की भाषा पूछी?
- क्या मैं संबंधों में संवाद या अनुमान से काम लेता हूँ?

11. MY QUOTE (मेरा उद्धरण)

"प्रेम की भाषा वही होती है, जिसमें सामने वाला सुने और महसूस करे।"
— डॉ. मुकेश अग्रवाल

12. CONCLUSION (निष्कर्ष)

LOVE LANGUAGES हमें यह सिखाती हैं कि प्यार केवल दिल से नहीं, समझदारी और भाषा से भी जुड़ा है।
जब हम सही भाषा में प्यार जताते हैं, तो रिश्ते बोलते हैं, मुस्कराते हैं और गहराते हैं।

EMOTIONAL BANK ACCOUNT

1. INTRODUCTION (परिचय)
रिश्तों की मजबूती इस पर निर्भर करती है कि हम रोज़ाना उसमें विश्वास, समझदारी और प्रेम कितना जोड़ते हैं।
EMOTIONAL BANK ACCOUNT एक ऐसा रूपक है जो हमें यह समझाता है कि रिश्तों में हम किस प्रकार जमा (DEPOSIT) और निकासी (WITHDRAWAL) करते हैं।

2. BIRTH (जन्म)
इस अवधारणा को प्रसिद्ध लेखक STEPHEN R. COVEY ने अपनी पुस्तक "THE 7 HABITS OF HIGHLY EFFECTIVE PEOPLE" (1989) में प्रस्तुत किया।
यह सिद्धांत बताता है कि हर इंसान के साथ हमारा एक भावनात्मक खाता होता है।

3. STORY (कहानी)
एक बच्चा अपने पिता से कुछ साझा करता है, और पिता मोबाइल में व्यस्त रहता है।
हर बार ऐसा होता है — बच्चे के भरोसे में कटौती होती है।
यह एक WITHDRAWAL है।
फिर एक दिन पिता ने मोबाइल बंद कर, आँखों में आँखें डालकर सुना —
यह एक DEPOSIT था, जिससे उनका रिश्ता फिर से मजबूत हुआ।

4. SCIENCE (विज्ञान)
न्यूरोसाइंस बताता है कि सकारात्मक बातचीत से डोपामिन और ऑक्सिटोसिन हार्मोन बढ़ते हैं,
जो विश्वास और जुड़ाव को गहरा करते हैं।
हर बार जब हम सम्मान, सुनना, समझना, सहानुभूति और समय देते हैं —
तो हम भावनात्मक खाते में सकारात्मक जमा करते हैं।

5. PHILOSOPHY (दर्शन)

भारतीय दर्शन में कहा गया है —
"संबंधों में ऋण और पुनर्भुगतान अनिवार्य है, पर वह प्रेम, सेवा और श्रद्धा के रूप में हो तो बंधन नहीं बनता।"
EMOTIONAL BANK ACCOUNT इसी दर्शन को व्यवहारिक रूप देता है।

6. SPIRITUALITY (आध्यात्म)

- आध्यात्मिक रूप से, हर जीव में परमात्मा का अंश है।
- जब हम किसी को महत्व देते हैं, उसकी भावना को समझते हैं,
- तो यह न केवल रिश्ते में, बल्कि आत्मा में भी जमा होता है।
- यह करुणा, क्षमा और सेवा का अभ्यास है।

7. MY PERSPECTIVE (मेरा दृष्टिकोण)

मुझे लगता है कि रिश्ते कभी अचानक नहीं टूटते —
बल्कि लंबे समय तक की अनदेखी, संवाद की कमी और लगातार WITHDRAWAL की वजह से कमजोर होते हैं।
जब मैंने खुद को हर दिन एक DEPOSIT करने के लिए प्रतिबद्ध किया,
तो रिश्तों में चमत्कार होने लगा।

8. USEFULNESS (उपयोगिता)

- रिश्तों में विश्वास बढ़ाना
- संघर्ष कम करना
- समझदारी और सहानुभूति बढ़ाना
- परिवार और कार्यस्थल में स्वस्थ संबंध बनाना

9. PRACTICE (अभ्यास)

- DAILY DEPOSIT: हर दिन एक अच्छा शब्द, काम, या ध्यान देना
- EXCUSE LESS WITHDRAWALS: टालमटोल, चुप्पी, आलोचना से बचना
- FEEDBACK JOURNAL: आज मैंने किसके खाते में क्या डाला?
- APOLOGIZE PROMPTLY: जब भी कोई गलती हो, तुरंत क्षमा मांगें

10. REFLECTION (चिंतन)

- क्या मैं अपनों के खाते में लगातार जमा कर रहा हूँ या सिर्फ निकाल रहा हूँ?
- क्या मेरे शब्द HEALING करते हैं या HURTING?
- क्या मेरे कर्म रिश्तों को समृद्ध बना रहे हैं?

11. MY QUOTE (मेरा उद्धरण)

"रिश्तों का खाता भी बैंक जैसा है–जमा करते रहो, वरना खाली हो जाएगा।"
— डॉ. मुकेश अग्रवाल

12. CONCLUSION (निष्कर्ष)

EMOTIONAL BANK ACCOUNT केवल एक विचार नहीं, रिश्तों को जीवित और प्रगाढ़ रखने की कला है।
जमा करते रहें — प्रेम, समय, समझदारी और आदर।
तभी वक्त आने पर जब आप कुछ निकालें, तो रिश्ता आपको समर्थन दे।

1. INTRODUCTION (परिचय)

BYSTANDER EFFECT एक सामाजिक मनोवैज्ञानिक घटना है,
जहाँ किसी आपात स्थिति में ज्यादा लोगों की मौजूदगी में
व्यक्ति मदद करने की जिम्मेदारी अन्य पर टाल देता है।
यह प्रभाव हमें दिखाता है कि भीड़ में जिम्मेदारी बंट जाती है, और कार्य रुक
जाता है।

2. BIRTH (जन्म)

इस सिद्धांत को प्रसिद्ध मनोवैज्ञानिकों JOHN DARLEY और BIBB LATANÉ
ने 1968 में प्रस्तावित किया।
यह विचार एक दुखद घटना के बाद सामने आया जिसने पूरे अमेरिका को
झकझोर दिया।

3. STORY (कहानी)

1964, न्यूयॉर्क — KITTY GENOVESE नामक महिला की हत्या हो गई।
उसके चीखने और मदद मांगने की आवाज़ कई लोगों ने सुनी,
मगर कोई भी उसकी मदद को आगे नहीं आया।
बाद में शोध में पाया गया कि सभी को लगा, "कोई दूसरा तो करेगा।"
यहीं से जन्म हुआ — BYSTANDER EFFECT का।

4. SCIENCE (विज्ञान)

DIFFUSION OF RESPONSIBILITY: जब ज्यादा लोग हों, तो हर कोई सोचता
है कि "दूसरा मदद करेगा"।
SOCIAL INFLUENCE: हम दूसरों को देखकर तय करते हैं कि क्या करना है।
अगर बाकी निष्क्रिय हैं, तो हम भी हो जाते हैं।

5. PHILOSOPHY (दर्शन)

गीता में कृष्ण अर्जुन से कहते हैं —
"समय पर किया गया कर्म ही धर्म है।"
दूसरों की प्रतीक्षा करना, कर्म को टालना —
यह कर्महीनता की प्रवृत्ति है जो दर्शक प्रभाव को बढ़ाती है।

6. SPIRITUALITY (आध्यात्म)

- हर आत्मा में करुणा है, लेकिन भीड़ उसे सोने देती है।
- जब हम चेतन और आत्म-जागरूक होते हैं,
- तभी हम दूसरों की पीड़ा को देख और समझ पाते हैं —
- और साहस करके मदद का हाथ बढ़ा सकते हैं।

7. MY PERSPECTIVE (मेरा दृष्टिकोण)

मैंने कई बार देखा है —
चौराहे पर कोई दुर्घटना हो जाए, तो लोग वीडियो बनाते हैं, मदद नहीं।
पर जब एक व्यक्ति बढ़ता है, तो भीड़ भी हरकत में आती है।
पहला कदम हमेशा सबसे भारी होता है।
मैं मानता हूँ — जो आगे बढ़े, वही समाज को बदलता है।

8. USEFULNESS (उपयोगिता)

- सामाजिक जिम्मेदारी को जगाना
- बच्चों और युवाओं को संवेदनशील बनाना
- संगठनों में जिम्मेदारी की भावना लाना
- साहसी और जागरूक नागरिक तैयार करना

9. PRACTICE (अभ्यास)

- देखो – रुको – करो: OBSERVE, PAUSE, ACT
- सोचो कि कोई दूसरा नहीं है – सिर्फ तुम हो।
- अपने बच्चों को सिखाओ – मदद करना शक्ति है।
- रोज़ कम से कम एक मदद करें – बिना अपेक्षा के।

10. REFLECTION (चिंतन)

- क्या मैंने कभी किसी को संकट में देखकर चुप्पी साधी?
- क्या मैं "भीड़ में एक" बन गया, या "भीड़ से अलग" निकला?
- क्या मैं अपने कर्म से प्रेरणा बन रहा हूँ?

11. MY QUOTE (मेरा उद्धरण)

"भीड़ की चुप्पी से बड़ा अपराध कोई नहीं — बोलो, बढ़ो, बदलो।" —
डॉ. मुकेश अग्रवाल

12. CONCLUSION (निष्कर्ष)

BYSTANDER EFFECT सिर्फ एक सिद्धांत नहीं,
एक चेतावनी है — कि अगर सभी चुप रहें, तो अन्याय बढ़ेगा।
हर व्यक्ति को चाहिए कि वह पहला क़दम उठाए —
क्योंकि अंतर वही बनाता है, जो भीड़ से आगे सोचता है।

SOCIAL PROOF

1. INTRODUCTION (परिचय)
SOCIAL PROOF वह मनोवैज्ञानिक घटना है जहाँ लोग किसी निर्णय या व्यवहार को दूसरों के कार्यों को देखकर अपनाते हैं।
यह सिद्धांत दर्शाता है कि हम दूसरों की पसंद या राय को सत्य मान लेते हैं, खासकर जब हमें स्वयं स्पष्टता न हो।

2. BIRTH (जन्म)
ROBERT CIALDINI ने 1984 में अपनी प्रसिद्ध पुस्तक "INFLUENCE: THE PSYCHOLOGY OF PERSUASION" में SOCIAL PROOF को एक प्रमुख सिद्धांत के रूप में प्रस्तुत किया।
उन्होंने इसे मानव निर्णय की छह प्रमुख प्रेरक शक्तियों में से एक माना।

3. STORY (कहानी)
एक प्रयोग में, शोधकर्ताओं ने एक रेस्टोरेंट में एक डिश के आगे "OUR MOST POPULAR DISH" का टैग लगाया।
कुछ ही दिनों में उस डिश की बिक्री 30% बढ़ गई।
लोगों ने माना कि अगर सब खा रहे हैं — तो अच्छा ही होगा।
यह है SOCIAL PROOF की शक्ति।

4. SCIENCE (विज्ञान)
- COGNITIVE BIAS: जब अनिश्चितता होती है, तब मस्तिष्क दूसरों की ओर देखता है।
- MIRROR NEURONS: हम दूसरों की नकल करते हैं — सोचने से पहले।
- SURVIVAL MECHANISM: आदिकाल में समूह का अनुसरण करना सुरक्षा देता था।

5. PHILOSOPHY (दर्शन)
उपनिषदों में कहा गया है —
"सत्य वह नहीं जो भीड़ कहे, सत्य वह है जो अंतरात्मा माने।"
भीड़ का अनुसरण अक्सर भ्रम पैदा करता है —
जबकि दर्शन सिखाता है — विवेक से चलो, अनुकरण से नहीं।

6. SPIRITUALITY (आध्यात्म)

अधिकांश लोग गुरु को इसलिए मानते हैं क्योंकि बाकी मानते हैं —
परंतु सच्चा शिष्य वही है जो अनुभव से विश्वास करे।
आध्यात्मिक मार्ग पर SOCIAL PROOF नहीं, SELF REALIZATION आवश्यक है।

7. MY PERSPECTIVE (मेरा दृष्टिकोण)

- मैंने देखा है — सोशल मीडिया पर एक पोस्ट पर लाइक ज्यादा हों तो हम भी उसे पसंद करते हैं,
- चाहे हमने पढ़ा भी न हो।
- यह सिद्धांत मार्केटिंग से रिश्तों तक — हर जगह असर करता है।
- पर मैं मानता हूँ — प्रेरणा लेना ठीक है, पर अंधानुकरण नहीं।

8. USEFULNESS (उपयोगिता)

- मार्केटिंग और ब्रांडिंग में बेहद उपयोगी
- सामाजिक परिवर्तन में सहायक
- जनमत निर्माण में प्रभावी
- बच्चों में सकारात्मक आदतों को फैलाने के लिए

9. PRACTICE (अभ्यास)

- जाँचो कि क्या निर्णय दूसरों को देखकर है या सोच-विचार से?
- हर 'लोकप्रिय' चीज़ को आत्म-परीक्षण से जाँचें।
- सोशल मीडिया पर भीड़ का प्रभाव कम करने का प्रयास करें।
- अपने अनुभवों को दूसरों के साथ बाँटें ताकि आप SOCIAL PROOF बनें।

10. REFLECTION (चिंतन)

- क्या मैंने किसी चीज़ को सिर्फ इसलिए चुना क्योंकि लोग ऐसा कर रहे थे?
- क्या मैं स्वयं के निर्णय ले पाता हूँ, या हमेशा समाज की ओर देखता हूँ?
- क्या मैं किसी के लिए सकारात्मक SOCIAL PROOF बन पा रहा हूँ?

11. MY QUOTE (मेरा उद्धरण)

"भीड़ का रास्ता आसान ज़रूर होता है, पर मंज़िल अपनी पहचान से मिलती है।" — डॉ. मुकेश अग्रवाल

12. CONCLUSION (निष्कर्ष)

SOCIAL PROOF एक शक्ति है — जो दिशा भी दे सकती है और भ्रम भी।
यह समझना ज़रूरी है कि हम अपने विवेक और अनुभव से निर्णय लें,
ना कि केवल इस आधार पर कि "सब ऐसा कर रहे हैं।"
क्योंकि भीड़ से निकलकर ही नेता जन्म लेते हैं।

HERD MENTALITY

1. INTRODUCTION (परिचय)

HERD MENTALITY या भीड़ मानसिकता वह प्रवृत्ति है जिसमें व्यक्ति अपना निर्णय छोड़कर भीड़ के निर्णय को अपनाता है — चाहे वह सही हो या गलत।

यह सोचने की स्वतंत्रता को नकार कर अनुकरण को प्राथमिकता देती है।

2. BIRTH (जन्म)

यह विचार सबसे पहले 19वीं सदी के दार्शनिकों और मनोवैज्ञानिकों द्वारा सामने लाया गया।

GUSTAVE LE BON की किताब "THE CROWD: A STUDY OF THE POPULAR MIND" (1895) ने भीड़ के मनोविज्ञान को गहराई से समझाया।

3. STORY (कहानी)

- एक बार एक गाँव में अफ़वाह फैली कि पुल टूटने वाला है।
- एक ने भागना शुरू किया, फिर दूसरा, फिर पूरा गाँव।
- बाद में पता चला — पुल पूरी तरह सुरक्षित था।
- यह थी भीड़ मानसिकता — जहाँ सोचने का समय ही नहीं मिला।

4. SCIENCE (विज्ञान)

- AMYGDALA HIJACK: खतरे में मस्तिष्क सोचने के बजाय दौड़ने का आदेश देता है।
- MIRROR NEURONS: हम दूसरों के व्यवहार की नकल करते हैं।
- EVOLUTIONARY SURVIVAL: समूह का अनुसरण करना एक सुरक्षा यंत्र था।
- GROUPTHINK BIAS: समूह के दबाव में व्यक्तिगत निर्णय कुंद हो जाते हैं।

5. PHILOSOPHY (दर्शन)

भगवद्गीता में अर्जुन से कहा गया —
"स्वधर्मे निधनं श्रेयः, परधर्मो भयावहः।"

भीड़ का अनुसरण परधर्म है — जो अंततः भय व भ्रम में बदल सकता है।
दार्शनिकों ने सदैव विवेक से निर्णय लेने की शिक्षा दी है।

6. SPIRITUALITY (आध्यात्म)

- आध्यात्मिक मार्ग अकेले चलता है —
- बुद्ध, महावीर, कबीर — सभी ने भीड़ से अलग चलकर ही सत्य पाया।
- भीड़ की मान्यता धर्म नहीं, अनुभव है धर्म।
- सत्य का मार्ग अक्सर सुनसान होता है।

7. MY PERSPECTIVE (मेरा दृष्टिकोण)

- मेरे अनुभव में — जब भी मैंने भीड़ के कहने पर कोई काम किया,
- या जब सबने कहा "यही करो" —
- तो उस निर्णय में न आत्मा थी, न संतुष्टि।
- सच्चा निर्णय वही है जो भीतर से उपजे।
- भीड़ के साथ चलना सरल है — अकेले चलना सशक्त बनाता है।

8. USEFULNESS (उपयोगिता)

जब सही दिशा में हो, तो भीड़ समाज में जागरूकता फैला सकती है।
सामूहिक आंदोलन, रैलियाँ, स्वस्थ ट्रेंड्स में HERD MENTALITY
सकारात्मक भी हो सकती है।
लेकिन नेतृत्व, नवाचार और आत्म-विकास के लिए इससे बचना ज़रूरी है।

9. PRACTICE (अभ्यास)

निर्णय से पहले स्वयं से पूछिए — "क्या ये मेरी सोच है या सबकी?"
कुछ समय रुकिए — भीड़ से अलग चलने का अभ्यास कीजिए।
पढ़िए, सोचिए, फिर निर्णय लीजिए।
भीड़ में भी अपने अस्तित्व को जागरूक रखिए।

10. REFLECTION (चिंतन)

- क्या मैं दूसरों की नकल कर रहा हूँ या अपनी राह बना रहा हूँ?
- क्या मैं भीड़ का हिस्सा हूँ या प्रेरणास्रोत?
- किस निर्णय पर मुझे गर्व होता है — जो मैंने स्वयं लिया या जो सबने लिया?

11. MY QUOTE (मेरा उद्धरण)

"भीड़ तुम्हें सुरक्षित रख सकती है, पर खास नहीं बना सकती।" — डॉ. मुकेश अग्रवाल

12. CONCLUSION (निष्कर्ष)

HERD MENTALITY एक सहज मानवीय प्रवृत्ति है, परंतु यदि इसका उपयोग विवेकपूर्ण न किया जाए, तो यह सोचने की क्षमता को समाप्त कर देती है।

हमें चाहिए कि हम भीड़ में भी अपने चेतन निर्णय बनाए रखें।

क्योंकि बदलाव वही लाते हैं — जो अकेले चलना जानते हैं।

TRIANGULAR THEORY OF LOVE

1. INTRODUCTION (परिचय)

TRIANGULAR THEORY OF LOVE एक मनोवैज्ञानिक सिद्धांत है जो प्रेम को तीन मूलभूत घटकों में विभाजित करता है —
INTIMACY (अंतरंगता), PASSION (आकर्षण), और COMMITMENT (समर्पण)।
प्रेम का स्वरूप इन तीनों के अनुपात से तय होता है।

2. BIRTH (जन्म)

यह सिद्धांत प्रसिद्ध मनोवैज्ञानिक ROBERT STERNBERG ने 1986 में प्रस्तुत किया।
उन्होंने प्रेम को एक त्रिकोण के रूप में परिभाषित किया — जहाँ तीन कोने तीन तत्वों को दर्शाते हैं।

3. STORY (कहानी)

एक दंपति 25 सालों से साथ थे, पर अब बात कम होती थी।
एक युवा जोड़ा हर दिन प्यार जताता, पर अगले महीने टूट गया।
जब STERNBERG ने इस पर शोध किया, तो पाया —
सिर्फ़ भावना या समर्पण से प्रेम नहीं टिकता, ज़रूरी है तीनों का मेल।

4. SCIENCE (विज्ञान)

- INTIMACY: संबंध में जुड़ाव, विश्वास, गहराई।
- PASSION: रोमांटिक और शारीरिक आकर्षण।
- COMMITMENT: संबंध बनाए रखने की प्रतिबद्धता।
- ब्रेन के DOPAMINE, OXYTOCIN, और VASOPRESSIN हार्मोन प्रेम के अलग-अलग चरणों से जुड़े हैं।

5. PHILOSOPHY (दर्शन)

भारतीय दर्शन में प्रेम को काम, मैत्री, और भक्ति के रूप में देखा गया है।
प्रेम का स्थायित्व तब आता है जब उसमें संवेदना, आकर्षण और समर्पण तीनों हों।

"सखा भाव, स्नेह भाव और सेवा भाव" — यही प्रेम की त्रयी है।

6. SPIRITUALITY (आध्यात्म)

- अध्यात्म में प्रेम को आत्मा का विस्तार माना गया है।
- ईश्वर से प्रेम में अंतरंगता (भक्ति), आकर्षण (अनुभूति) और समर्पण (श्रद्धा) तीनों का सम्मिलन होता है।
- राधा-कृष्ण का प्रेम त्रिकोणीय प्रेम का दिव्य उदाहरण है।

7. MY PERSPECTIVE (मेरा दृष्टिकोण)

प्रेम सिर्फ़ कह देने से नहीं होता।
मैंने अपने जीवन में देखा है कि —
जहाँ केवल आकर्षण था, वहाँ स्थायित्व नहीं आया।
जहाँ केवल समर्पण था, वहाँ जुड़ाव नहीं पनपा।
पर जहाँ तीनों थे — वहाँ प्रेम गहराता गया।

8. USEFULNESS (उपयोगिता)

- इस सिद्धांत से हम अपने संबंधों को समझ सकते हैं।
- यह दर्शाता है कि क्या कमी है — भावना, समर्पण या आकर्षण की।
- थैरेपी, विवाह परामर्श और व्यक्तिगत विकास में यह अत्यंत सहायक है।

9. PRACTICE (अभ्यास)

- अपने संबंधों का मूल्यांकन करें — तीनों तत्व कहाँ तक हैं?
- संवाद बढ़ाइए (INTIMACY)।
- आकर्षण बनाए रखें — समय, प्रयास, सौंदर्य।
- निर्णय और प्रतिबद्धता को मज़बूत कीजिए।

10. REFLECTION (चिंतन)

- क्या मेरा संबंध संतुलित त्रिकोण पर खड़ा है?
- क्या मैं केवल आकर्षण या ज़िम्मेदारी के कारण जुड़ा हूँ?
- क्या मैं संबंध में अंतरंगता और सच्चा समर्पण लाने के लिए तैयार हूँ?

11. MY QUOTE (मेरा उद्धरण)

"प्रेम तब अमर होता है, जब आत्मा जुड़ती है, मन आकर्षित होता है और जीवन समर्पित होता है।" — डॉ. मुकेश अग्रवाल

12. CONCLUSION (निष्कर्ष)

TRIANGULAR THEORY OF LOVE प्रेम की गहराई और स्थायित्व को समझने की एक प्रभावशाली कुंजी है।

प्रेम को जीवंत रखने के लिए ज़रूरी है कि हम तीनों कोनों — अंतरंगता, आकर्षण और समर्पण — को बराबर पोषण दें।

क्योंकि अधूरा त्रिकोण — कभी पूर्ण प्रेम नहीं बनता।

NONVIOLENT COMMUNICATION

1. INTRODUCTION (परिचय)

NONVIOLENT COMMUNICATION (NVC) एक संवाद पद्धति है जो हमें अहिंसा, सहानुभूति और समझदारी से संवाद करना सिखाती है। यह केवल बोलने का तरीका नहीं, बल्कि सोचने, महसूस करने और जुड़ने का तरीका है।

2. BIRTH (जन्म)

NVC की स्थापना डॉ. मार्शल रोसेनबर्ग (MARSHALL B. ROSENBERG) ने 1960 के दशक में की।

उन्होंने सामाजिक असमानता, नस्लवाद और व्यक्तिगत संघर्षों को देखते हुए एक ऐसा मॉडल विकसित किया जो मानव संबंधों में करुणा और सहयोग को बढ़ाता है।

3. STORY (कहानी)

एक स्कूल में शिक्षक ने एक बच्चे को डांटा, जिससे वह चुप हो गया लेकिन अंदर ही अंदर टूट गया।

वहीं एक अन्य शिक्षक ने उसी बच्चे से NVC तकनीक का प्रयोग करते हुए कहा:

"जब तुम बिना बताए क्लास छोड़ते हो, मुझे चिंता होती है कि तुम सुरक्षित हो या नहीं।"

बच्चे ने पहली बार अपनी भावनाएं खुलकर साझा कीं। संवाद ने संबंध को बदल डाला।

4. SCIENCE (विज्ञान)

NVC मस्तिष्क के एमिग्डाला (भावनात्मक भाग) की प्रतिक्रिया को संतुलित कर प्री-फ्रंटल कॉर्टेक्स (तर्क और सहानुभूति का केंद्र) को सक्रिय करता है। यह हमारे सहानुभूतिपूर्ण हार्मोन OXYTOCIN को बढ़ावा देता है।

5. PHILOSOPHY (दर्शन)

महात्मा गांधी के "अहिंसा" सिद्धांत से NVC की जड़ें गहराई से जुड़ी हैं।

यह दर्शन कहता है — "कठोर शब्दों से भी तलवार चलती है।"
NVC यह सिखाता है कि संवाद में नर्मी ही स्थायी परिवर्तन लाती है।

6. SPIRITUALITY (आध्यात्म)
अध्यात्म में संवाद को सेतु माना गया है, जो आत्माओं को जोड़ता है।
NVC में प्रयुक्त सहानुभूति और गहराई भक्ति, करुणा और क्षमा के सिद्धांतों से जुड़ी है।
राम और हनुमान के बीच संवाद, शिव और पार्वती की बातचीत — सबमें करुणा मूल रही है।

7. MY PERSPECTIVE (मेरा दृष्टिकोण)
मैंने जीवन में देखा है —
* जब भी मैंने प्रतिक्रिया दी, संबंध कमजोर हुए।
* जब भी मैंने समझकर उत्तर दिया, संबंध गहरे हुए।
* NVC एक साधना है — जो आपको क्रोध से करुणा की ओर ले जाती है।

8. USEFULNESS (उपयोगिता)
* रिश्तों में तनाव को कम करता है
* नेतृत्व और टीमवर्क में सुधार लाता है
* पेरेंटिंग, विवाह और दोस्ती को गहराता है
* आत्म-जागरूकता और भावनात्मक बुद्धिमत्ता को बढ़ाता है

9. PRACTICE (अभ्यास)
NVC के चार चरण:
* OBSERVATION (देखना): बिना मूल्यांकन के क्या हुआ?
* FEELINGS (भावनाएं): आपने क्या महसूस किया?
* NEEDS (ज़रूरतें): आपकी कौन सी ज़रूरत पूरी नहीं हुई?
* REQUEST (निवेदन): आप क्या चाहते हैं, बिना मांग या दबाव के?

उदाहरण:
"जब तुम देर से आते हो (OBSERVATION), मैं चिंतित होता हूँ (FEELING), क्योंकि मुझे तुम्हारी सुरक्षा की ज़रूरत है (NEED), क्या तुम समय पर आने की कोशिश करोगे? (REQUEST)"

10. REFLECTION (चिंतन)

- क्या मेरे शब्द रिश्तों में पुल बना रहे हैं या दीवारें खड़ी कर रहे हैं?
- क्या मैं दूसरों को समझने की कोशिश करता हूँ या सिर्फ़ खुद को समझाने में लगा हूँ?
- क्या मैं संवाद में करुणा और स्पष्टता ला रहा हूँ?

11. MY QUOTE (मेरा उद्धरण)

"जहाँ शब्दों में अहिंसा होती है, वहाँ संबंधों में समरसता अपने आप बहने लगती है।" — डॉ. मुकेश अग्रवाल

12. CONCLUSION (निष्कर्ष)

NONVIOLENT COMMUNICATION सिर्फ़ एक संवाद शैली नहीं, एक जीवन दर्शन है।

यह हमें सिखाता है कि हम क्रोध, दोष और दबाव के बजाय करुणा, समझ और प्रेम से संवाद करें।

NVC से जुड़ना, खुद से और दूसरों से शांति से जुड़ने की यात्रा है।

अनुभाग 5

नेतृत्व, प्रेरणा और प्रभाव

CHARISMA CODE

1. INTRODUCTION (परिचय)

CHARISMA यानी व्यक्तित्व का वह आकर्षण, जो बिना शब्द बोले लोगों को खींचता है। यह कोई जादू नहीं, बल्कि व्यवहार, ऊर्जा और प्रभाव का संयोजन है।

CHARISMA CODE उस आंतरिक सूत्र को दर्शाता है जो किसी व्यक्ति को प्रभावशाली, प्रेरणादायक और यादगार बनाता है।

2. BIRTH (जन्म)

'CHARISMA' शब्द ग्रीक भाषा के "KHARIS" से निकला है, जिसका अर्थ है "ईश्वरीय उपहार"। पर आधुनिक मनोविज्ञान कहता है — करिश्मा कोई दिव्य वरदान नहीं, बल्कि सीखा जा सकने वाला गुण है।

3. STORY (कहानी)

नेल्सन मंडेला जेल में थे, पर जब वो बाहर आए तो उनके चेहरे पर क्रोध नहीं, करुणा थी।

उनका आत्म-संयम, भाषा, आँखों की गहराई और आवाज़ की नम्रता ने उन्हें करिश्माई नेता बना दिया।

उन्होंने नफ़रत से नहीं, करिश्मे से देश को जोड़ा।

4. SCIENCE (विज्ञान)

करिश्माई लोग MIRROR NEURONS को सक्रिय करते हैं – जिससे लोग उन्हें कॉपी करना चाहते हैं।

उनका NON-VERBAL COMMUNICATION (जैसे EYE CONTACT, POSTURE, VOICE TONE) लोगों के ब्रेन में डोपामिन रिलीज़ करता है।

हार्वर्ड रिसर्च कहती है: CHARISMA IS A COMBINATION OF PRESENCE + POWER + WARMTH.

5. PHILOSOPHY (दर्शन)

दार्शनिकों का मानना है कि करिश्मा आत्म-ज्ञान और आत्म-संयम से पैदा होता है।

"वाणी की मधुरता, दृष्टि की गहराई, हृदय की शुद्धता — यही सच्चा करिश्मा है।"
बुद्ध का मौन, गांधी का नम्र स्वर — ये सब दर्शन के करिश्माई स्वरूप हैं।

6. SPIRITUALITY (आध्यात्म)

- सच्चा करिश्मा आत्मा की गहराई से आता है।
- राम का आकर्षण शौर्य में नहीं, शांति में था।
- कृष्ण का करिश्मा युद्ध में नहीं, प्रेम में था।
- आध्यात्म कहता है — करिश्मा बाहरी नहीं, अंतर्मन से प्रस्फुटित होता है।

7. MY PERSPECTIVE (मेरा दृष्टिकोण)

- मेरे अनुभव में, करिश्मा कभी ज़ोर से बोलने में नहीं, गहराई से सुनने में होता है।
- जो दूसरों को सम्मान देता है, वही आकर्षण पैदा करता है।
- करिश्मा वह शक्ति है, जो बिना शक्ति दिखाए, नेतृत्व कर जाती है।

8. USEFULNESS (उपयोगिता)

- नेतृत्व और टीम प्रेरणा में सहायक
- पब्लिक स्पीकिंग और सोशल इंटरैक्शन में प्रभाव
- नेटवर्किंग और संबंध निर्माण में ताक़त
- बिज़नेस, राजनीति, शिक्षा और चिकित्सा — हर क्षेत्र में उपयोगी

9. PRACTICE (अभ्यास)

CHARISMA CODE के 5 सूत्र:

- PRESENCE: पूरी तरह वर्तमान में रहना
- AUTHENTICITY: अपनी सच्चाई से जुड़ना
- WARMTH: लोगों के लिए सौहार्दपूर्ण होना
- CLARITY: संप्रेषण की स्पष्टता
- CONFIDENCE WITHOUT ARROGANCE: आत्मविश्वास, अहंकार के बिना

दैनिक अभ्यास

- हर दिन 5 मिनट मौन रहकर आत्म-अवलोकन करें
- हर संवाद में 100% उपस्थिति दें
- अपनी बॉडी लैंग्वेज, हावभाव और मुस्कान पर ध्यान दें

10. REFLECTION (चिंतन)

- क्या मैं बोलते समय लोगों को महसूस करता हूँ या सिर्फ़ सोचता हूँ?
- क्या मेरी ऊर्जा दूसरों को जोड़ती है या डराती है?
- क्या मेरा आत्मविश्वास दूसरों को सहारा देता है?

11. MY QUOTE (मेरा उद्धरण)

"करिश्मा वह मौन संगीत है, जो आत्मा से निकलता है और आत्मा को छूता है।" — डॉ. मुकेश अग्रवाल

12. CONCLUSION (निष्कर्ष)

CHARISMA कोई नकाब नहीं, बल्कि अपने असली चेहरे की चमक है।

यह शक्ति तब जन्म लेती है जब हम भीतर से स्थिर, बाहर से स्पष्ट और संबंधों में संवेदनशील होते हैं।

CHARISMA CODE हर उस इंसान के भीतर छुपा है, जो सच्चा, सरल और संवेदनशील बनना चाहता है।

SERVANT LEADERSHIP PRINCIPLE

1. परिचय (INTRODUCTION)

सेवक नेतृत्व एक नेतृत्व दर्शन है जिसमें नेता का मुख्य उद्देश्य अपने अनुयायियों की सेवा करना होता है। यह पारंपरिक नेतृत्व से भिन्न है, जहाँ नेता का ध्यान संगठन या स्वयं पर केंद्रित होता है; इसके विपरीत, सेवक नेता शक्ति साझा करता है, कर्मचारियों की आवश्यकताओं को प्राथमिकता देता है, और लोगों को विकसित होने और उच्चतम प्रदर्शन करने में सहायता करता है।

2. जन्म (BIRTH)

सेवक नेतृत्व की अवधारणा को पहली बार रॉबर्ट के. ग्रीनलीफ ने 1970 में अपनी निबंध "THE SERVANT AS LEADER" में प्रस्तुत किया। उन्होंने लिखा, "सेवक-नेता पहले सेवक होता है... यह सेवा करने की प्राकृतिक भावना से शुरू होता है।"

3. कहानी (STORY)

महात्मा गांधी का जीवन सेवक नेतृत्व का उत्कृष्ट उदाहरण है। उन्होंने अपने व्यक्तिगत आराम और इच्छाओं को त्यागकर भारत की स्वतंत्रता के लिए अहिंसक आंदोलन का नेतृत्व किया। गांधीजी ने जनता की सेवा को अपने नेतृत्व का केंद्र बनाया, जिससे उन्होंने लाखों लोगों को प्रेरित किया और स्वतंत्रता संग्राम में सफल रहे।

4. विज्ञान (SCIENCE)

सेवक नेतृत्व सामाजिक अधिगम (SOCIAL LEARNING) और सामाजिक विनिमय (SOCIAL EXCHANGE) सिद्धांतों पर आधारित है। सेवक नेता अपने अनुयायियों के लिए सकारात्मक उदाहरण प्रस्तुत करते हैं, जिससे अनुयायी उन व्यवहारों की नकल करते हैं। इसके अलावा, सेवक नेता और अनुयायियों के बीच परस्पर विश्वास और सम्मान का संबंध स्थापित होता है, जो संगठनात्मक प्रभावशीलता को बढ़ाता है।

5. दर्शन (PHILOSOPHY)

सेवक नेतृत्व का दर्शन यह मानता है कि "नेता का मुख्य कर्तव्य अपने अनुयायियों की सेवा करना है, न कि स्वयं की महत्वाकांक्षाओं की पूर्ति करना।" यह विचार पारंपरिक नेतृत्व मॉडलों से विपरीत है, जहाँ शक्ति और नियंत्रण पर जोर दिया जाता है। सेवक नेतृत्व में, नेता अपने अनुयायियों के विकास और कल्याण को प्राथमिकता देता है, जिससे संगठन और समाज दोनों का उत्थान होता है।

6. आध्यात्मिकता (SPIRITUALITY)

आध्यात्मिकता और सेवक नेतृत्व घनिष्ठ रूप से जुड़े हुए हैं। सेवक नेता अपने कार्यों में करुणा, सहानुभूति और निस्वार्थता का प्रदर्शन करते हैं, जो आध्यात्मिक मूल्यों के अनुरूप है। यह दृष्टिकोण न केवल संगठनात्मक सफलता को बढ़ावा देता है, बल्कि अनुयायियों के व्यक्तिगत और आध्यात्मिक विकास में भी योगदान देता है।

7. मेरा दृष्टिकोण (MY PERSPECTIVE)

मेरे अनुभव में, सेवक नेतृत्व एक शक्तिशाली उपकरण है जो संगठन में सकारात्मक परिवर्तन ला सकता है। जब नेता अपने अनुयायियों की भलाई को प्राथमिकता देते हैं, तो वे न केवल उनकी निष्ठा और विश्वास अर्जित करते हैं, बल्कि संगठन की समग्र सफलता में भी योगदान देते हैं। सेवक नेतृत्व एक संतुलित और समावेशी कार्य संस्कृति का निर्माण करता है, जहाँ प्रत्येक सदस्य को मूल्यवान और समर्थ महसूस होता है।

8. उपयोगिता (USEFULNESS)

सेवक नेतृत्व के कई लाभ हैं:

कर्मचारी संतुष्टि और निष्ठा में वृद्धि: जब कर्मचारी महसूस करते हैं कि उनके नेता उनकी भलाई का ध्यान रखते हैं, तो उनकी संतुष्टि और संगठन के प्रति निष्ठा बढ़ती है।

सकारात्मक कार्य संस्कृति का विकास: सेवक नेतृत्व एक सहयोगी और सहायक कार्य वातावरण को बढ़ावा देता है, जिससे टीम वर्क और नवाचार को प्रोत्साहन मिलता है।

नेतृत्व विकास: सेवक नेता अपने अनुयायियों को भी नेता बनने के लिए प्रेरित करते हैं, जिससे संगठन में नेतृत्व की निरंतरता बनी रहती है।

9. अभ्यास (PRACTICE)

- सेवक नेतृत्व को अपनाने के लिए निम्नलिखित कदम उठाए जा सकते हैं:
- सक्रिय सुनवाई: अपने कर्मचारियों की बातों को ध्यान से सुनें और उनकी चिंताओं को समझें।
- सहानुभूति विकसित करें: कर्मचारियों की भावनाओं और परिस्थितियों के प्रति संवेदनशील रहें।
- समर्थन और विकास के अवसर प्रदान करें: कर्मचारियों को उनके कौशल और क्षमताओं के विकास के लिए संसाधन और अवसर उपलब्ध कराएं।
- सामुदायिक भावना को बढ़ावा दें: टीम वर्क और सहयोगी प्रयासों को प्रोत्साहित करें, जिससे एक मजबूत संगठनात्मक संस्कृति का निर्माण हो।

10. चिंतन (REFLECTION)

- क्या मैं अपने अनुयायियों की आवश्यकताओं को अपनी प्राथमिकताओं से ऊपर रखता हूँ?
- क्या मेरे निर्णय और कार्य मेरे कर्मचारियों के विकास और कल्याण में योगदान करते हैं?
- क्या मैं एक ऐसा वातावरण बना रहा हूँ जहाँ मेरे अनुयायी सुरक्षित, समर्थित और मूल्यवान महसूस करते हैं?

11. मेरा उद्धरण (MY QUOTE)

"सच्चा नेतृत्व सेवा से प्रकट होता है; जब हम दूसरों की भलाई के लिए कार्य करते हैं, तभी हम वास्तविक नेता बनते हैं।" — डॉ. मुकेश अग्रवाल

12. निष्कर्ष (CONCLUSION)

सेवक नेतृत्व एक प्रभावशाली और मानवीय नेतृत्व शैली है जो संगठनात्मक सफलता के साथ-साथ व्यक्तिगत विकास को भी प्रोत्साहित करती है। यह सिद्धांत हमें सिखाता है कि सच्चा नेता वह है जो अपने अनुयायियों की सेवा करता है, उनके विकास में योगदान देता है, और एक सकारात्मक कार्य संस्कृति का निर्माण करता है। सेवक नेतृत्व को अपनाकर, हम न केवल अपने संगठनों को मजबूत बना सकते हैं, बल्कि समाज में भी सकारात्मक परिवर्तन ला सकते हैं।

LAW OF INFLUENCE

1. INTRODUCTION (परिचय)

नेतृत्व क्या है? पद? अधिकार? सत्ता? JOHN C. MAXWELL कहते हैं –
"LEADERSHIP IS INFLUENCE, NOTHING MORE, NOTHING LESS." यही
है LAW OF INFLUENCE, नेतृत्व की नींव। यह सिद्धांत बताता है कि असली
नेतृत्व सिर्फ पद या अधिकार से नहीं आता, बल्कि उस शक्ति से आता है जो
हम दूसरों को प्रेरित करने, बदलने और जोड़ने में रखते हैं।

2. BIRTH (जन्म)

MAXWELL ने इस विचार को अपनी पुस्तक "THE 21 IRREFUTABLE LAWS
OF LEADERSHIP" में रखा, जो 1998 में प्रकाशित हुई। LAW OF
INFLUENCE उसमें सबसे बुनियादी और महत्वपूर्ण नियम है।

3. STORY (कहानी)

एक शिक्षक के पास दो छात्र थे–एक बहुत बुद्धिमान, दूसरा औसत।
बुद्धिमान छात्र सभी उत्तर जानता था, लेकिन कोई उसे नहीं सुनता। औसत
छात्र सबको जोड़ता, सबकी सुनता और समय पर नेतृत्व करता। परीक्षा के
दिन पूरा समूह उस औसत छात्र के नेतृत्व में तैयार हुआ–क्योंकि उसने
असर डाला था, अधिकार नहीं दिखाया।

4. SCIENCE (विज्ञान)

MIRROR NEURONS के ज़रिए हमारा मस्तिष्क दूसरों की भावनाओं और
विचारों से जुड़ता है।
SOCIAL CONTAGION THEORY कहती है कि विचार और व्यवहार एक-
दूसरे में फैलते हैं – जैसे खुशियाँ, डर या प्रेरणा।
प्रभावशाली लोग दूसरे के DOPAMINE CIRCUITS को एक्टिवेट कर सकते
हैं।

5. PHILOSOPHY (दर्शन)

- भारतीय दर्शन कहता है – "नेता वह नहीं जो आगे चलता है, बल्कि वह जो सबको साथ ले चलता है।"
- गीता में श्रीकृष्ण, अर्जुन के सारथी होकर भी सबसे प्रभावशाली नेता हैं – बिना सिंहासन के।
- बुद्ध का जीवन – पद त्यागकर भी प्रभावशाली नेतृत्व।

6. SPIRITUALITY (आध्यात्मिकता)

सच्चा प्रभाव सेवा से आता है, अहंकार से नहीं।
गुरुओं, संतों और साधुओं ने बिना सेना या अधिकार के लाखों को दिशा दी – क्योंकि उनका प्रभाव आत्मा को छूता था।
"LEADERSHIP BY PRESENCE, NOT PRESSURE."

7. MY PERSPECTIVE (मेरा दृष्टिकोण)

मेरा मानना है कि हर व्यक्ति नेता हो सकता है — घर में, समाज में, कार्यस्थल पर — यदि वह प्रभाव डाल सकता है। यह प्रभाव आता है विश्वास, सहानुभूति, ईमानदारी और सत्यनिष्ठा से — न कि केवल डिग्री या कुर्सी से।

8. USEFULNESS (प्रयोगिता)

- माता-पिता के लिए प्रभावशाली पालन-पोषण।
- शिक्षकों के लिए प्रेरणादायक शिक्षा।
- व्यवसायियों के लिए टीम निर्माण।
- जीवनसाथियों के बीच संबंधों की गहराई।

9. PRACTICE (अभ्यास)

- ACTIVE LISTENING – सुनना प्रभाव का पहला चरण है।
- EMPATHY EXERCISES – सामने वाले की दृष्टि से चीज़ें देखना।
- CONSISTENT INTEGRITY – जो कहें, वही करें।
- INFLUENCE JOURNALING – हर दिन सोचें कि आप किसे सकारात्मक रूप से प्रभावित कर पाए।

10. REFLECTION (चिंतन)

- क्या मेरे प्रभाव से लोग प्रेरित होते हैं या डरते हैं?
- क्या मेरी उपस्थिति से ऊर्जा बढ़ती है या घटती है?
- क्या मैं बिना बोले भी नेतृत्व करता हूँ?

11. MY QUOTE (मेरा उद्धरण)

"प्रभाव पद से नहीं आता, प्रवृत्ति से आता है। अगर दिलों में जगह है, तो सिंहासन की ज़रूरत नहीं।"
डॉ मुकेश अग्रवाल

12. CONCLUSION (निष्कर्ष)

LAW OF INFLUENCE हमें नेतृत्व की परिभाषा बदलने के लिए प्रेरित करता है। यह कहता है — नेता बनने के लिए तुम्हें किसी की अनुमति नहीं चाहिए, बस दूसरों को बेहतर बनाने का जुनून चाहिए।
इस सिद्धांत में सच्चे नेतृत्व की आत्मा है — एक ऐसा नेता जो बदलता नहीं, बदलाव लाता है।

1. परिचय (INTRODUCTION)

साइमन साINEK द्वारा प्रस्तुत सुरक्षा का चक्र एक नेतृत्व अवधारणा है, जिसमें नेता अपने संगठन के भीतर एक सुरक्षित और भरोसेमंद वातावरण बनाते हैं। इस वातावरण में, कर्मचारी बाहरी खतरों से मुक्त होकर सहयोग और नवाचार पर ध्यान केंद्रित कर सकते हैं।

2. जन्म (BIRTH)

साइमन साINEK ने अपनी पुस्तक "लीडर्स ईट लास्ट" में सुरक्षा के चक्र की अवधारणा प्रस्तुत की। उन्होंने बताया कि जब नेता अपने कर्मचारियों की सुरक्षा और भलाई को प्राथमिकता देते हैं, तो संगठन में विश्वास और सहयोग की संस्कृति विकसित होती है।

3. कहानी (STORY)

साउथवेस्ट एयरलाइंस एक उदाहरण है, जहां नेतृत्व ने कर्मचारियों के लिए एक सुरक्षा का चक्र बनाया। उन्होंने कर्मचारियों को परिवार की तरह माना, जिससे कर्मचारियों ने ग्राहकों को उत्कृष्ट सेवा प्रदान की और कंपनी की सफलता में योगदान दिया।

4. विज्ञान (SCIENCE)

मनोविज्ञान में, सामाजिक सुरक्षा (PSYCHOLOGICAL SAFETY) का सिद्धांत बताता है कि जब लोग कार्यस्थल पर सुरक्षित महसूस करते हैं, तो वे अधिक नवाचारी, सहयोगी और उत्पादक होते हैं। यह सुरक्षा का चक्र संगठनात्मक व्यवहार में सकारात्मक परिवर्तन लाता है।

5. दर्शन (PHILOSOPHY)

दर्शनशास्त्र में, सुरक्षा का चक्र यह दर्शाता है कि सच्चा नेतृत्व वह है जो अपने अनुयायियों की भलाई को स्वयं के स्वार्थ से ऊपर रखता है। यह विचार नैतिकता और करुणा पर आधारित है, जहां नेता अपने लोगों की सुरक्षा और विकास को प्राथमिकता देते हैं।

6. आध्यात्मिकता (SPIRITUALITY)

आध्यात्मिक दृष्टिकोण से, जब नेता अपने अनुयायियों के प्रति सहानुभूति और करुणा दिखाते हैं, तो एक सामूहिक चेतना विकसित होती है। यह सामूहिकता संगठन में एकता और सहयोग को बढ़ावा देती है, जिससे सभी का सामूहिक उत्थान होता है।

7. मेरा दृष्टिकोण (MY PERSPECTIVE)

मेरे अनुभव में, जब नेता अपने कर्मचारियों के लिए एक सुरक्षित वातावरण बनाते हैं, तो कर्मचारी न केवल अपनी पूरी क्षमता से काम करते हैं, बल्कि संगठन के लक्ष्यों के प्रति भी अधिक प्रतिबद्ध होते हैं। सुरक्षा का चक्र संगठन की दीर्घकालिक सफलता के लिए आवश्यक है।

8. उपयोगिता (USEFULNESS)

- विश्वास और सहयोग में वृद्धि: सुरक्षा का चक्र कर्मचारियों के बीच विश्वास और सहयोग को बढ़ावा देता है।
- नवाचार को प्रोत्साहन: सुरक्षित वातावरण में कर्मचारी नए विचारों को साझा करने में सहज महसूस करते हैं।
- कर्मचारी संतुष्टि और प्रतिधारण: जब कर्मचारी सुरक्षित महसूस करते हैं, तो उनकी नौकरी संतुष्टि और संगठन के प्रति निष्ठा बढ़ती है।

9. अभ्यास (PRACTICE)

- सक्रिय सुनवाई: कर्मचारियों की चिंताओं और विचारों को ध्यान से सुनें।
- पारदर्शिता: निर्णय लेने की प्रक्रियाओं में पारदर्शिता रखें।
- सहायता और समर्थन: कर्मचारियों को आवश्यक संसाधन और समर्थन प्रदान करें।
- प्रशंसा और मान्यता: कर्मचारियों के योगदान को पहचानें और सराहना करें।

10. चिंतन (REFLECTION)

- क्या मैं अपने कर्मचारियों के लिए एक सुरक्षित वातावरण बना रहा हूँ?
- क्या मेरे कर्मचारी मुझ पर विश्वास करते हैं और मुझसे खुलकर संवाद कर सकते हैं?
- क्या मैं अपने कर्मचारियों की भलाई को प्राथमिकता देता हूँ?

11. मेरा उद्धरण (MY QUOTE)

"सुरक्षा का चक्र वह आधारशिला है, जिस पर स्थायी नेतृत्व और संगठनात्मक सफलता निर्मित होती है।" — डॉ. मुकेश अग्रवाल

12. निष्कर्ष (CONCLUSION)

सुरक्षा का चक्र एक नेतृत्व सिद्धांत है, जो संगठन में विश्वास, सहयोग और नवाचार को बढ़ावा देता है। जब नेता अपने कर्मचारियों की सुरक्षा और भलाई को प्राथमिकता देते हैं, तो कर्मचारी संगठन की सफलता में सक्रिय रूप से योगदान करते हैं। यह सिद्धांत दर्शाता है कि सच्चा नेतृत्व अपने लोगों की सेवा और सुरक्षा में निहित है।

1. परिचय (INTRODUCTION)
भेद्यता को अक्सर कमजोरी समझा जाता है, लेकिन वास्तव में यह एक गहरा मानवीय गुण है, जो सच्चे संबंध, सहानुभूति और नेतृत्व की नींव रखता है। ब्रेने ब्राउन के कार्यों के माध्यम से, यह सिद्ध हुआ है कि भेद्यता अपनाने से आत्मविश्वास, रचनात्मकता और मानव संबंधों में गहराई आती है।

2. जन्म (BIRTH)
यह अवधारणा लोकप्रिय हुई जब शोधकर्ता और लेखक ब्रेने ब्राउन ने 2010 में अपना प्रसिद्ध TED TALK "THE POWER OF VULNERABILITY" प्रस्तुत किया। उन्होंने अपने शोध के माध्यम से यह दिखाया कि कैसे भेद्यता को अपनाने से जीवन में जुड़ाव और संतोष की भावना बढ़ती है।

3. कहानी (STORY)
एक प्रसिद्ध कहानी है कि कैसे हावर्ड शुल्ज, स्टारबक्स के संस्थापक, ने अपने संघर्ष और असुरक्षाओं को टीम के सामने स्वीकार किया। उस भेद्यता ने टीम में गहरा विश्वास और वफादारी पैदा की, जिससे कंपनी नई ऊंचाइयों तक पहुँची।

4. विज्ञान (SCIENCE)
मनोरोग विज्ञान (PSYCHOLOGY) में, भेद्यता को भावनात्मक खुलेपन और आत्म-संवेदनशीलता के रूप में देखा जाता है। यह भावनात्मक बुद्धिमत्ता (EQ) का एक महत्वपूर्ण हिस्सा है, जो संबंधों को मजबूत करता है और मानसिक स्वास्थ्य को सुधारता है।

5. दर्शन (PHILOSOPHY)
दार्शनिकों का मानना है कि मानवता की असली सुंदरता उसकी अपूर्णता और भावनात्मकता में है। भेद्यता वह पुल है, जो दिलों को जोड़ता है। यह अस्तित्ववाद में "सत्य की खोज" का एक साधन भी माना जाता है।

6. आध्यात्मिकता (SPIRITUALITY)

आध्यात्मिक रूप से, भेद्यता को आत्मा की पारदर्शिता कहा गया है। जब हम ईश्वर या ब्रह्म से जुड़ने का प्रयास करते हैं, तो सबसे पहले हमें अपने भीतर की परतों को खोलना होता है — वही भेद्यता का मार्ग है।

7. मेरा दृष्टिकोण (MY PERSPECTIVE)

मेरे अनुभव में, जब मैंने खुद को भेद्य स्वीकार किया — अपने छात्रों, सहकर्मियों, और परिवार के सामने — तभी उन्होंने मुझे सच्चे दिल से स्वीकार किया। भेद्यता रिश्तों की गहराई और संवाद की ईमानदारी का आधार बनती है।

8. उपयोगिता (USEFULNESS)

नेतृत्व में प्रामाणिकता: भेद्यता एक नेता को मानव बनाती है, जिससे लोग उससे जुड़ते हैं।

रचनात्मकता में वृद्धि: जब हम असफलता से नहीं डरते, तो नवाचार का मार्ग खुलता है।

रिश्तों में विश्वास: सच्ची भावना व्यक्त करने से गहरे संबंध बनते हैं।

9. अभ्यास (PRACTICE)

- अपनी असुरक्षाओं को स्वीकार करें और साझा करें।
- असफलता के डर को पहचानें और उससे पार निकलें।
- हर दिन एक छोटा कदम भावनात्मक खुलेपन की ओर बढ़ाएं।
- कठिन संवादों से न भागें, बल्कि उन्हें ईमानदारी से करें।

10. चिंतन (REFLECTION)

- क्या मैं अपनी कमजोरियों को दूसरों से छिपाता हूँ?
- क्या मैं ईमानदारी से अपने विचार और भावनाएं व्यक्त कर सकता हूँ?
- क्या मेरी भेद्यता दूसरों के साथ मेरे रिश्तों को मजबूत करती है?

11. मेरा उद्धरण (MY QUOTE)

"भेद्यता वह द्वार है, जिससे होकर आत्मा आत्मा से मिलती है।" — डॉ. मुकेश अग्रवाल

12. निष्कर्ष (CONCLUSION)

भेद्यता कोई दोष नहीं, बल्कि जीवन की एक शक्ति है। यह हमें जोड़ती है, सशक्त बनाती है और हमारे नेतृत्व को मानवीय बनाती है। जब हम स्वयं को पूरी सच्चाई से प्रकट करते हैं, तभी हम वास्तव में जुड़ते हैं।

LEADER-MEMBER EXCHANGE THEORY

1. परिचय (INTRODUCTION)

LMX थ्योरी यह मानती है कि हर लीडर अपने हर अधीनस्थ से एक जैसा रिश्ता नहीं रखता। कुछ से गहरा और भरोसेमंद संबंध होता है, जबकि कुछ के साथ सीमित और औपचारिक। यही संबंध संगठन की कार्यशैली और उत्पादकता को प्रभावित करते हैं।

2. जन्म (BIRTH)

यह सिद्धांत 1975 में GEORGE GRAEN और MARY UHL-BIEN के शोध कार्यों से उभरा। उन्होंने पारंपरिक नेतृत्व मॉडल्स को चुनौती देते हुए बताया कि "वन-साइज़-फिट्स-ऑल" लीडरशिप काम नहीं करती।

3. कहानी (STORY)

एक स्कूल प्रिंसिपल ने दो अध्यापकों के साथ भिन्न संबंध बनाए — एक से रोज़ चर्चा, नए विचारों में सहभागिता; दूसरे से सिर्फ रिपोर्टिंग तक। परिणामस्वरूप पहला शिक्षक संस्थान में अधिक सक्रिय, रचनात्मक और आत्मविश्वासी बन गया। यही LMX की शक्ति है।

4. विज्ञान (SCIENCE)

LMX थ्योरी के अनुसार, उच्च गुणवत्ता वाले एक्सचेंज (IN-GROUP) में:
उच्च स्तर का विश्वास
खुला संवाद
परस्पर सम्मान होता है।
वहीं निम्न गुणवत्ता (OUT-GROUP) में केवल औपचारिक आदेश-पालन होता है।
इस थ्योरी को संगठनात्मक मनोविज्ञान और व्यवहारिक विज्ञान में व्यापक समर्थन मिला है।

5. दर्शन (PHILOSOPHY)

दार्शनिक दृष्टि से यह विचार "समता और करुणा" पर आधारित है — हर व्यक्ति को उसका सर्वोत्तम योगदान देने के लिए समान अवसर और ध्यान मिलना चाहिए।

6. आध्यात्मिकता (SPIRITUALITY)

गुरु-शिष्य परंपरा में भी यह सिद्धांत दिखाई देता है — जहाँ गुरु उन शिष्यों से विशेष स्नेह रखते हैं जो अधिक जुड़ाव और समर्पण दिखाते हैं। यह संबंध आध्यात्मिक विकास को तेज करता है।

7. मेरा दृष्टिकोण (MY PERSPECTIVE)

नेतृत्व में मैंने अनुभव किया है कि जिन कर्मचारियों से मैंने संवाद और स्नेह के द्वार खोले, वे मेरे साथ अधिक निष्ठा और नवाचार से जुड़े। LMX केवल प्रबंधन नहीं, संबंधों का विज्ञान है।

8. उपयोगिता (USEFULNESS)

- टीम में सकारात्मक माहौल बनता है
- टैलेंट की सही पहचान और विकास होता है
- लीडर और टीम के बीच विश्वास बढ़ता है
- कर्मचारियों की उत्पादकता और संतुष्टि बढ़ती है

9. अभ्यास (PRACTICE)

- हर सदस्य को जानने और समझने का समय दें
- पारदर्शिता और संवाद को प्रोत्साहित करें
- भेदभाव से बचें, लेकिन प्रतिभा को सम्मान दें
- हर सदस्य के योगदान को महत्व दें

10. चिंतन (REFLECTION)

- क्या मैं अपनी टीम के सभी सदस्यों के साथ खुला संवाद रखता हूँ?
- क्या मैं किसी के प्रति अनजाने में पक्षपात कर रहा हूँ?
- क्या मैं OUT-GROUP के सदस्यों को भी IN-GROUP में लाने का प्रयास करता हूँ?

11. मेरा उद्धरण (MY QUOTE)

"नेता की सबसे बड़ी परीक्षा यह नहीं कि वह कितनों को प्रेरित करता है, बल्कि कितनों से संबंध निभाता है।" — डॉ. मुकेश अग्रवाल

12. निष्कर्ष (CONCLUSION)

LMX थ्योरी बताती है कि नेतृत्व की असली शक्ति समानता नहीं, समझदारी भरे संबंधों में है। एक अच्छा लीडर हर सदस्य को IN-GROUP का हिस्सा बनाने की दिशा में काम करता है, ताकि संगठन का हर कोना रोशन हो।

MOTIVATION-HYGIENE THEORY

1. INTRODUCTION (परिचय)

हर व्यक्ति काम क्यों करता है? सिर्फ पैसे के लिए? प्रशंसा के लिए? या किसी उद्देश्य की पूर्ति के लिए?

FREDERICK HERZBERG का यह सिद्धांत हमें यह समझने में मदद करता है कि मनुष्य का काम के प्रति रवैया किन दो प्रमुख कारकों से संचालित होता है:

MOTIVATORS (प्रेरक कारक) और HYGIENE FACTORS (स्वच्छता कारक)।

2. BIRTH (जन्म)

1959 में HERZBERG और उनके साथियों ने 200 से अधिक इंजीनियरों और लेखाकारों पर एक अध्ययन किया। उनसे यह पूछा गया –

"ऐसा कौन सा समय था जब आपने खुद को बहुत अच्छा या बहुत बुरा महसूस किया अपने काम में?"

इस अध्ययन ने जन्म दिया TWO-FACTOR THEORY को।

3. STORY (कहानी)

कल्पना कीजिए कि एक कर्मचारी को अच्छा वेतन, ठीक-ठाक ऑफिस, और छुट्टियाँ मिल रही हैं — फिर भी वो काम में खुश नहीं है।

दूसरी ओर, एक और कर्मचारी को लगातार नई चुनौतियाँ, पहचान, और विकास के मौके मिलते हैं — वो अंदर से संतुष्ट और प्रेरित होता है।

HERZBERG ने इसी अंतर को पहचाना।

4. SCIENCE (विज्ञान)

- MOTIVATORS: आत्म-पूर्ति, मान्यता, ज़िम्मेदारी, कार्य में रुचि
- HYGIENE FACTORS: वेतन, काम की स्थिति, कंपनी की नीतियाँ, सुरक्षा
- HYGIENE FACTORS की अनुपस्थिति से असंतोष होता है, पर उनकी उपस्थिति से संतुष्टि नहीं आती।
- MOTIVATORS ही असली प्रेरणा देते हैं।

5. PHILOSOPHY (दर्शन)

गीता में श्रीकृष्ण कर्मयोगी बनने का संदेश देते हैं — कार्य से आनंद लेना ही प्रेरणा है।

"सच्चा सुख कार्य में है, परिणाम में नहीं।"

चाणक्य नीति में भी कहा गया है – कर्मचारी को सम्मान, उत्तरदायित्व और अवसर मिलें, तो वह राज्य के लिए अमूल्य हो जाता है।

6. SPIRITUALITY (आध्यात्मिकता)

आत्मा की प्रेरणा आती है अभिव्यक्ति, विकास और सेवा से — जो MOTIVATORS से जुड़ी है।

बाहरी साधनों (HYGIENE FACTORS) से केवल अस्थायी संतोष मिलता है, परंतु आंतरिक उद्देश्य से जुड़ाव ही स्थायी शांति देता है।

7. MY PERSPECTIVE (मेरा दृष्टिकोण)

हर संस्था, स्कूल, या क्लिनिक में यह सिद्धांत लागू होता है।

अगर हम केवल सुविधा दें (AC, वेतन, छुट्टी) — तो कर्मचारी रुकेंगे पर जिएंगे नहीं।

अगर हम उन्हें GROWTH, MEANING और RECOGNITION दें — तो वे संस्थान को परिवार मानेंगे।

8. USEFULNESS (प्रयोगिता)

- HR नीति बनाने में
- EMPLOYEE RETENTION और SATISFACTION में
- स्कूलों, अस्पतालों, कंपनियों और NGOS में
- लीडर्स के लिए TEAM को सही तरीके से MOTIVATE करने के लिए

9. PRACTICE (अभ्यास)

- FEEDBACK देना और लेना
- GROWTH के अवसर देना (TRAININGS, ROLES)
- RECOGNITION और APPRECIATION की संस्कृति बनाना
- केवल सुविधा नहीं, सार्थकता पर ध्यान देना

10. REFLECTION (चिंतन)

क्या मैं अपने स्टाफ को सिर्फ HYGIENE दे रहा हूँ या प्रेरणा भी?
क्या मेरी टीम 'SATISFIED' है या वास्तव में 'MOTIVATED'?
क्या मैं स्वयं कार्य से जुड़ा हूँ या केवल परिणाम से?

11. MY QUOTE (मेरा उद्धरण)

"सुविधा से ठहराव आता है, प्रेरणा से उड़ान। संगठन वहीं उड़ते हैं, जहाँ लोग उड़ना सीखते हैं।"
डॉ मुकेश अग्रवाल

12. CONCLUSION (निष्कर्ष)

MOTIVATION-HYGIENE THEORY हमें सिखाती है कि कर्मचारी को बनाए रखने के लिए सुविधा जरूरी है, लेकिन संगठन को महान बनाने के लिए प्रेरणा देना अनिवार्य है। यह सिद्धांत लीडरशिप को गहराई देता है — और हमें बताता है कि हमें लोगों को सिर्फ रोकना नहीं है, उड़ने लायक भी बनाना है।

INTRINSIC VS EXTRINSIC MOTIVATION

1. परिचय (INTRODUCTION)

प्रेरणा दो प्रकार की होती है — आंतरिक (INTRINSIC) और बाह्य (EXTRINSIC)। जहाँ एक ओर बाहरी पुरस्कार हमें कुछ करने को प्रेरित करते हैं, वहीं आंतरिक प्रेरणा आत्म-संतोष, आनंद और उद्देश्य से आती है।

2. जन्म (BIRTH)

इस सिद्धांत की जड़ें EDWARD DECI और RICHARD RYAN के "SELF-DETERMINATION THEORY" (1985) में मिलती हैं। उन्होंने बताया कि जब व्यक्ति AUTONOMY (स्वतंत्रता), COMPETENCE (कौशल) और RELATEDNESS (संबंध) महसूस करता है, तब आंतरिक प्रेरणा विकसित होती है।

3. कहानी (STORY)

एक बच्चा हर दिन खुशी-खुशी पेंटिंग करता था। फिर उसे हर पेंटिंग पर पैसे मिलने लगे। धीरे-धीरे वह केवल पैसों के लिए पेंट करने लगा — और कुछ समय बाद, जब पैसे बंद हुए, उसका रुझान भी खत्म हो गया। यही है OVERJUSTIFICATION EFFECT, जहाँ बाह्य प्रेरणा आंतरिक प्रेरणा को दबा देती है।

4. विज्ञान (SCIENCE)

आंतरिक प्रेरणा: व्यक्ति तब प्रेरित होता है जब उसे अपने काम से आनंद, उद्देश्य या नवाचार मिलता है।

बाह्य प्रेरणा: प्रेरणा पुरस्कार, प्रशंसा, पैसा, पद या डर से आती है।
ब्रेन स्टडीज़ बताती हैं कि डोपामिन रिलीज़ दोनों में होता है, लेकिन आंतरिक प्रेरणा ज़्यादा लंबे समय तक टिकती है।

5. दर्शन (PHILOSOPHY)

वेदांत कहता है — "कर्म करो, फल की चिंता मत करो"। यह आंतरिक प्रेरणा की सर्वोच्च परिभाषा है। जब हम केवल कार्य में रमे रहते हैं, तो वह साधना बन जाता है।

6. आध्यात्मिकता (SPIRITUALITY)

आध्यात्मिक रूप से, जब कोई कार्य आत्मा की आवाज़ से किया जाए — जैसे सेवा, साधना, रचना — तब वह आंतरिक प्रेरणा का सर्वोत्तम रूप होता है। यही "निष्काम कर्म" है।

7. मेरा दृष्टिकोण (MY PERSPECTIVE)

मैंने पाया है कि VHCA HAIR CLINIC में जो कर्मचारी मिशन ड्रिवन हैं — वे लंबे समय तक प्रेरित रहते हैं। जो केवल वेतन या पद की वजह से काम करते हैं, वे जल्द थक जाते हैं या भटक जाते हैं।

8. उपयोगिता (USEFULNESS)

- शिक्षा, नेतृत्व और संगठनों में स्थायी मोटिवेशन के लिए ज़रूरी
- बच्चों, कर्मचारियों और स्वयं को सही दिशा में प्रेरित करने में सहायक
- लॉन्ग टर्म गोल्स के प्रति प्रतिबद्धता बढ़ाता है
- BURNOUT से बचाव करता है

9. अभ्यास (PRACTICE)

- अपने काम में अर्थ ढूंढें — "मैं यह क्यों कर रहा हूँ?"
- बाहरी पुरस्कार को समर्थन के रूप में देखें, लक्ष्य नहीं
- अपने PASSION से जुड़े छोटे कार्यों को रोज़ करें
- दूसरों की प्रशंसा करें, पर उनकी भी आंतरिक प्रेरणा को जगाने का प्रयास करें

10. चिंतन (REFLECTION)

- क्या मैं अपने कार्यों से स्वयं आनंद लेता हूँ या केवल पुरस्कार की प्रतीक्षा करता हूँ?
- क्या मैंने अपने जीवन का अर्थ खोजा है?
- क्या मैं दूसरों की भी आंतरिक प्रेरणा को समझने की कोशिश करता हूँ?

11. मेरा उद्धरण (MY QUOTE)

"बाह्य प्रेरणा एक मशाल है, लेकिन आंतरिक प्रेरणा एक सूरज है।" — डॉ. मुकेश अग्रवाल

12. निष्कर्ष (CONCLUSION)

बाह्य प्रेरणा तात्कालिक ऊर्जा देती है, पर आंतरिक प्रेरणा जीवन का ईंधन बन जाती है। हमें ज़रूरत है ऐसे समाज की, जहाँ लोग पुरस्कार के लिए नहीं, बल्कि उद्देश्य के लिए काम करें।

TRANSFORMATIONAL LEADERSHIP

1. परिचय (INTRODUCTION)

TRANSFORMATIONAL LEADERSHIP वह नेतृत्व शैली है जो लोगों को प्रेरित करता है, उनके भीतर छिपी संभावनाओं को जगाता है और उन्हें खुद से भी बड़े लक्ष्यों के लिए प्रोत्साहित करता है। यह नेतृत्व केवल दिशा नहीं देता, बल्कि दृष्टि भी देता है।

2. जन्म (BIRTH)

इस सिद्धांत को पहली बार JAMES MACGREGOR BURNS ने 1978 में पेश किया, और फिर BERNARD BASS ने इसे और विस्तार दिया। यह नेतृत्व उस समय और भी प्रासंगिक हो गया जब संगठनात्मक परिवर्तन की लहरें तेज़ हुईं।

3. कहानी (STORY)

डॉ. एपीजे अब्दुल कलाम एक आदर्श परिवर्तनकारी नेता थे। उन्होंने सिर्फ मिसाइल नहीं बनाए, उन्होंने बच्चों के सपनों को उड़ान दी। उनका हर भाषण एक बीज था — जो कभी किसी छात्र के भीतर वैज्ञानिक बना, तो किसी में शिक्षक।

4. विज्ञान (SCIENCE)

- TRANSFORMATIONAL LEADERS चार घटकों पर काम करते हैं:
- IDEALIZED INFLUENCE (आदर्श प्रेरणा)
- INSPIRATIONAL MOTIVATION (प्रेरणादायक दृष्टि)
- INTELLECTUAL STIMULATION (विचारशील उत्तेजना)
- INDIVIDUALIZED CONSIDERATION (व्यक्तिगत देखभाल)

ये लीडर दूसरों को आत्मनिर्भर और नवाचारी बनाते हैं।

5. दर्शन (PHILOSOPHY)

गीता में श्रीकृष्ण ने अर्जुन को प्रेरित कर युद्धभूमि में बदल डाला — यह परिवर्तनकारी नेतृत्व का उत्कृष्ट उदाहरण है। यह दर्शन कहता है — "नायक वह है जो स्वयं को मिटा कर अन्यों की संभावनाओं को उभार दे।"

6. आध्यात्मिकता (SPIRITUALITY)

आध्यात्मिक नेता जैसे महात्मा बुद्ध या स्वामी विवेकानंद ने लोगों को आत्मज्ञान और सेवा की राह दिखाई। उन्होंने नेतृत्व को अहंकार नहीं, सेवा और प्रेरणा का साधन बनाया।

7. मेरा दृष्टिकोण (MY PERSPECTIVE)

मैं मानता हूँ कि एक डॉक्टर, शिक्षक, या कोई भी प्रोफेशनल तभी पूर्ण होता है जब वह दूसरों को ऊपर उठाने का कार्य करे। VHCA में मैं कोशिश करता हूँ कि हर टीम मेंबर खुद को केवल कर्मचारी न समझे, बल्कि मिशन का वाहक माने।

8. उपयोगिता (USEFULNESS)

- नेतृत्व में विश्वास, प्रेरणा और नवाचार लाता है
- संगठन को केवल मुनाफे से मिशन की ओर मोड़ता है
- व्यक्ति की आत्म-छवि और आत्मबल को बढ़ाता है
- युवाओं, स्टार्टअप्स, संस्थानों और शिक्षा में आवश्यक

9. अभ्यास (PRACTICE)

- दूसरों में क्षमताएँ खोजें और उन्हें ज़ाहिर करें
- साझा दृष्टि (SHARED VISION) बनाएं और संप्रेषित करें
- बदलाव को प्रेरणा के साथ स्वीकारें
- फीडबैक दें और नेतृत्व के नए बीज बोएं

10. चिंतन (REFLECTION)

- क्या मैं केवल टास्क देता हूँ या अर्थ भी देता हूँ?
- क्या मैं टीम के भीतर नेतृत्व के बीज बो रहा हूँ?
- क्या मैं दूसरों के विकास में योगदान दे रहा हूँ?

11. मेरा उद्धरण (MY QUOTE)

"सर्वश्रेष्ठ नेता वह है, जिसकी उपस्थिति में लोग खुद को नेता समझने लगें।"
— डॉ. मुकेश अग्रवाल

12. निष्कर्ष (CONCLUSION)

परिवर्तनकारी नेतृत्व इस युग की आवश्यकता है — जहाँ लोग केवल कार्यकर्ता नहीं, विचारकर्ता और परिवर्तनकर्ता बनें। हमें ऐसे नेताओं की ज़रूरत है जो दृष्टि से रास्ता बनाएं और दूसरों को भी रास्ता दिखाने लायक बनाएं।

SITUATIONAL LEADERSHIP

1. परिचय (INTRODUCTION)

SITUATIONAL LEADERSHIP वह शैली है जिसमें नेता परिस्थिति, व्यक्ति और कार्य की प्रकृति के अनुसार अपनी नेतृत्व विधि बदलते हैं। यह नेतृत्व का सबसे लचीला और व्यावहारिक रूप है।

2. जन्म (BIRTH)

इस सिद्धांत को 1969 में PAUL HERSEY और KEN BLANCHARD ने विकसित किया। उन्होंने इसे "LIFE CYCLE THEORY OF LEADERSHIP" कहा, जो बाद में SITUATIONAL LEADERSHIP के नाम से प्रसिद्ध हुआ।

3. कहानी (STORY)

महाभारत में श्रीकृष्ण ने अर्जुन से युद्ध भूमि में संवाद किया, लेकिन वही श्रीकृष्ण सुदामा के सामने स्नेहशील मित्र बन गए। वही श्रीकृष्ण कभी युधिष्ठिर के मार्गदर्शक बने तो कभी अर्जुन के सारथी। यही था परिस्थितिनुसार नेतृत्व।

4. विज्ञान (SCIENCE)

SITUATIONAL LEADERSHIP चार प्रकार की नेतृत्व शैलियों पर आधारित है:

- DIRECTING (निर्देशन देना)
- COACHING (प्रशिक्षण देना)
- SUPPORTING (सहयोग करना)
- DELEGATING (सौंप देना)

इनका चुनाव अनुयायियों की योग्यता और प्रतिबद्धता के स्तर पर निर्भर करता है।

5. दर्शन (PHILOSOPHY)

वेदों में कहा गया है:

"यथा देहे तथा औषधम्" — जैसा शरीर, वैसी औषधि।

नेतृत्व भी वैसा ही होना चाहिए — जैसा अनुयायी, वैसा मार्गदर्शन। यह सिद्धांत दर्शाता है कि कोई एक शैली हर किसी पर लागू नहीं होती।

6. आध्यात्मिकता (SPIRITUALITY)

रामायण में राम का नेतृत्व भरत के प्रति प्रेमपूर्ण, विभीषण के लिए प्रेरणादायक और रावण के लिए दृढ़ था। अध्यात्म सिखाता है कि नेतृत्व को करुणा, धैर्य और विवेक के साथ परिस्थिति अनुसार ढलना चाहिए।

7. मेरा दृष्टिकोण (MY PERSPECTIVE)

मैंने अनुभव किया है कि VHCA में हर कर्मचारी, हर रोगी, हर छात्र की ज़रूरत अलग होती है। एक ही नीति सभी पर लागू नहीं हो सकती। एक सच्चा नेता वही है जो सुन सके, समझ सके, और उसी अनुरूप नेतृत्व कर सके।

8. उपयोगिता (USEFULNESS)

- टीम मैनेजमेंट में बेहद प्रभावशाली
- शिक्षा, चिकित्सा, सेवा क्षेत्र में व्यावहारिक
- कर्मचारियों की दक्षता के अनुसार नेतृत्व देने में सहायक
- संगठन में लचीलापन और सामंजस्य बढ़ाता है

9. अभ्यास (PRACTICE)

- अपनी टीम के सदस्यों की क्षमता और मनोस्थिति का आकलन करें
- एक ही स्थिति में अलग-अलग शैलियों की कोशिश करें
- स्वयं को एक कठोर नेता नहीं, बल्कि एक समझदार मार्गदर्शक बनाएं
- परिस्थितियों के अनुसार प्रतिक्रिया देने की कला विकसित करें

10. चिंतन (REFLECTION)

- क्या मैं हर किसी को एक ही नजर से देखता हूँ?
- क्या मैं परिस्थिति के अनुसार अपनी शैली बदल पाता हूँ?
- क्या मेरी नेतृत्व शैली लचीली और अनुकूलनशील है?

11. मेरा उद्धरण (MY QUOTE)

"नेतृत्व एक तराजू है — जो हर परिस्थिति में संतुलन ढूंढता है, न कि ताकत थोपता है।" — डॉ. मुकेश अग्रवाल

12. निष्कर्ष (CONCLUSION)

SITUATIONAL LEADERSHIP हमें यह सिखाता है कि नेतृत्व कोई तयशुदा मार्ग नहीं, बल्कि एक जीवंत प्रक्रिया है — जो समय, व्यक्ति और परिस्थिति के अनुरूप बदलती रहती है। ऐसा लचीला नेतृत्व ही आज के युग में प्रभावी है।